난!
유머 속으로
빠졌을 뿐이고

한국 유머학회 편저

힐하우스

차례

13	한 남자가 홀딱 벗은 체
14	체인점
15	황당한 제목
16	복수
17	횡재
18	아들과 아버지
19	백수의 등급
21	가나바라~ 주나바라
22	교수와 제자
23	마누라 변천사
26	남성전용
27	머리 좋은 여자
30	그 애는 엄마도 없대?
31	직업
32	쉬어가는 퀴즈
33	화장실에서
34	너 그 엄마다!
36	노부인의 소원
37	골초
38	라면과 여자의 공통점
39	책과 아내
40	엄지손가락
41	먹어야 살거 아니니
42	남탕에 간 이유

43 맹인의 재치
44 남자가 여자를 무서워 할 때
45 남편을 찾는 중
46 겨울 휴가
47 국회의원과 마누라의 공통점
48 물안개!
49 농담
50 유효기간
51 주문
52 남편의 후회
53 백수의 중요한 것
54 남자도 할 말 있다.
55 사기전에 만져보는 거란다
56 남편이 필요할 때
57 낙타모자
58 덕담
60 간만에 느끼고 싶어
61 체중미달
62 노팬티
63 거품 하면~~
64 유아성교육
65 마누라 안 깨우는 법
66 거시기
67 낚시 광
68 부부싸움
69 보기 드문 현상
70 임종

71	놀부 댁
72	가장 절실한 것
73	화장실에서
75	여자의 어디가 좋아
76	주식과 결혼의 공통점
77	마음은 청춘…
78	음주 테스트
79	연인의 대화
80	투자
81	휴일
82	술만 마시면
83	부부싸움의 채널은?
84	아버지의 이름
85	좀 연결 좀 해 줘
86	맘껏 일 보세유~~
89	어떻게 알았지?
90	사진
91	폰섹스
92	엄만 나보다~~
93	환자의 맥박
94	부인 지금 집에 있나?
95	아는 척
96	옷좀 다려 입지
97	처음
98	순찰차와 바람난 부인
99	마케팅 수난
100	가정부의 삼각관계

- 101 애무나 잘하셔!
- 102 동서
- 104 셈~요
- 106 도끼 자국?
- 107 아이는 얼마든지~
- 108 명단
- 109 파혼의 이유
- 110 웬~~수
- 111 섹시한 모델
- 112 웃기는 남자들
- 113 검둥개의 소원
- 114 아버지의 유쾌한 답
- 115 금연구역
- 116 타협
- 117 부자의 아들
- 118 부전자전
- 119 왼쪽 젖꼭지 아래 2cm
- 120 천원?
- 121 꼬마의 재치
- 122 영수증
- 123 죽을 상황
- 124 게으른 농부
- 126 아직도 믿어~~
- 128 엽기 스님
- 130 형님 앵무새
- 131 신혼부부
- 132 초보와 프로

133 앳 들켰다
134 양보
135 비밀번호
136 닮은 여자
137 이율배반
138 새신랑과 새 차
139 단기사병을 영어로
140 하나님의 벌
141 결혼의 힘
142 주인이 오면
143 고스톱과 사랑의 상관관계
144 철수요~~
145 옆집
146 곤드레만드레
147 당황한 남자
148 정치가의 냄새
150 분배하는 법
151 행복한 고민
152 심심한 동생
153 아들 있어요?!
154 힘이 빠져요~
155 엄마의 마음
156 요만큼 밖에 안 남았어요?
157 광우병의 원인…
158 남편 기죽이는 말
159 가장 오래된 직업
160 훌륭한 안내판

161	에~휴, 힘 빠져
163	당신이 뭘 알아?
164	교통체증
165	아이디어
166	상향간적서
167	진정한 명의
168	메주 담글 때 얼굴 따지냐~~
169	전공별 싸움말릴 때
170	골프로 보는 치매 진단법
173	닭의 불심
174	공원에서
175	버스기사의 재치
176	호모 수닭
177	건방진 의사
178	대체 무슨 짓을
179	젊은 부부
180	붕~알 두 관만~~
181	오대양 육대주
182	누가 우물에 앉아 있어요!
183	죽자 사자 뛰어라~~
184	육체? 시체?
185	대화 내용~~
187	소식
188	내집
189	미남과 추남의 차이
190	대도의 유언
191	방이 너무 뜨거운가 봐!

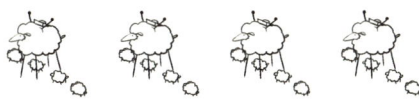

193 영화의 등급
194 왜 내 침대에~~
195 방송
196 가정부의 질투심
197 한 명은~~~
198 한남자
199 돼지의 아들
200 소매치기
201 관계
202 빈자리
203 건망증
204 마누라
205 유혹
206 수학 시간
207 황소에게 물어 봐?
208 젖병체로 먹고 싶어~~
209 학생 싸우는 것을 본 교수들의 반응
211 남편의 친구
213 새치기 하지마!
214 아가씨의 방귀 냄새
215 열~바다
217 촬스 아니죠!~~철수죠
218 TV
219 골프 클럽
220 교장선생님의 제자
221 해고 이유
222 여자도할 수 있다

웃으며 삽시다 !

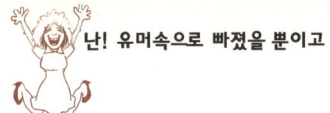 난! 유머속으로 빠졌을 뿐이고

한 남자가 홀딱 벗은 채

한 남자가 홀딱 벗은 채
길가에서 택시 하나를 잡았어요.
근데 택시기사가 여자였지 뭐예요
그 여자 기사가 홀딱 벗은 남자를 위로부터 아래로 눈을
떵그래 뜨고 훑어 보고 있을 때
그 남자가 여자기사에게 한마디....
너 남자 못 봤냐?
뭐 그렇게 뚫어지게 봐?
ㅁ××, 차나 잘 몰아
그러자 여자기사의 대답은
↓
이 쒸불색기.... 너 쫌따
어디서 돈 꺼내는가
　　함 보자~~~

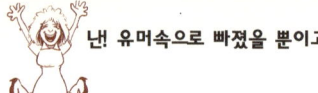 난! 유머속으로 빠졌을 뿐이고

체인점

 지하도에서 거지가 양손에 모자를 든 채 구걸을 하고 있었다.
 그 앞을 지나가던 행인이 모자에 동전을 넣으며 거지에게 물었다.
 행인 : 왜 모자를 2개나 들고 있는 거죠 ?
 거지 : 요즘 장사가 잘돼서 체인점을 하나 더 냈습니다.
 행인 : ....!!

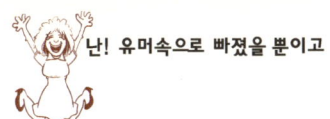 난! 유머속으로 빠졌을 뿐이고

황당한 제목

어느 대학교 문학과 교수가 학생들에게 소설을 써오도록 과제를 냈다. 단 「귀족적인 요소」와 「성적인 요소」를 첨가하도록 했다.

며칠 후 교수는 한 학생의 소설 제목을 보고 기절했다.

「공주님이 임신했다」 하도 기가 막혀 다시 SF적인 요소를 첨가하도록 숙제를 내주었는데 며칠 후 그 학생의 소설 제목은. 「별나라 공주님이 임신했다」

이에 열 받은 교수는 다시 미스터리 요소를 첨가하도록 했는데 그 학생은 또 이렇게 적어냈다.

「별나라 공주님이 임신했다. 누구의 아이일까?」

이제 더 이상 참을 수 없다고 생각한 교수는 비장한 각오로 마지막 수단을 썼다. 그건 다름 아닌 종교적 요소까지 첨가시켜 오라는 것이었다.

교수는 승리의 미소를 지었으나 며칠 후 그 학생의 과제를 받고 쓰러져 버렸다.

「별나라 공주님이 임신했다. Oh My God! 누구의 아이일까?」

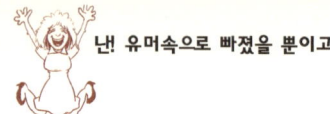 난! 유머속으로 빠졌을 뿐이고

재치있는 남자가 새벽 4시에 전화소리 때문에 잠이 깼다.
"당신네 개가 짖는 소리 때문에 한잠도 못 자겠소"
재치있는 남자는 전화해줘서 고맙다고 인사한 후 전화건 사람의 전화번호를 물었다.
다음날 새벽 4시에 재치있는 남자는 이웃사람에게 전화를 걸었다.

"선생님, 저희 집에는 개가 없습니다."

횡재

두 남자가 시골에서 차를 타고 가다가 고장이 났다.

밤이 다 된 시간이라 둘은 한 저택의 문을 두드렸다. 그러자 문이 열리고 과부가 나왔다.

"자동차가 고장 났는데 오늘 하룻밤만 묵을 수 있을까요?"

과부는 허락했고 두 남자는 다음날 아침 견인차를 불러 돌아갔다.

몇 달 후에 그 중 한 남자가 자신이 받은 편지를 들고 다른 남자에게 갔다.

"자네, 그날 밤 그 과부와 무슨 일 있었나?"

"응, 즐거운 시간을 보냈지."

"그럼 혹시 과부에게 내 이름을 사용했나?"

"어, 그걸 어떻게 알았나?"

"그 과부가 며칠 전에 죽었다고 편지가 왔는데, 나에게 10억 원을 유산으로 남겨줬어."

 난! 유머속으로 빠졌을 뿐이고

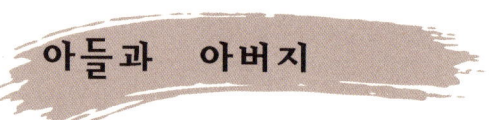
아들과 아버지

 아들이 날마다 학교도 빼먹고 놀러만 다니는 망나니짓을 하자 하루는 아버지가 아들을 불러놓고 무섭게 꾸짖으며 말했다.
 "에이브러햄 링컨이 네 나이였을 때 뭘 했는지 아니?"
 아들이 너무도 태연히 대답했다.
 "몰라요."
 그러자 아버지는 훈계하듯 말했다.
 "집에서 쉴 틈 없이 공부하고 연구했단다"
 그러자 아들이 댓구했다.

 "아, 그 사람 나도 알아요. 아버지 나이였을 땐 대통령이었잖아요?"

난! 유머속으로 빠졌을 뿐이고

백수의 등급

1. 초보백수

남아도는 시간을 주체하지 못해 안절부절 한다. 만화방이나 비디오 대여점 주인과 이제 말을 트기 시작한다.

직업을 물으면 어쩔 줄 몰라 한다.

주머니가 비면 외출이 불가능하다.

남들 노는 일요일이 되면 허무하게 느껴진다.

2. 중간백수

넘쳐나는 시간이 그리 부담스럽지 않다.

비디오 대여점이나 만화방 주인 대신 가게를 봐주기도 한다.

주머니가 비어 있어도 일단 나가고 본다.

머리를 감지 않고 일주일 정도 버틸 수 있다.

3. 프로 백수

무궁무진한 시간을 자유자재로 활용하는 시테크 전문가. 자신만의 취침 및 기상시간을 고수한다.

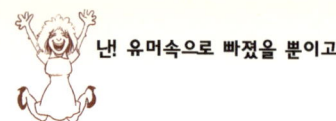

　몇 달 며칠을 같이 놀아도 도대체 그가 무슨 일을 하는지 아는 이가 없다.

　빈 주머니일수록 당당히 행동한다.

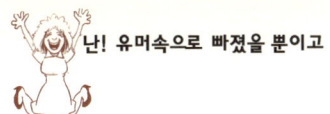 난! 유머속으로 빠졌을 뿐이고

가나바라~~주나바라

놀부가 대청마루에 누워 낮잠을 자고 있었다.
그때 한 스님이 찾아와서 말했다.
"시주받으러 왔소이다. 시주 조금만 하시죠."
그러자 놀부는 코웃음을 치며 빨리 눈앞에서 사라지라고 말했다.
그러자 스님이 눈을 감고 불경을 외었다.
"가나바라… 가나바라… 가나바라…."
놀부가 그것을 듣고는 잠시 눈을 감고 생각하더니 뭔가를 계속 말하기 시작했다.

"주나바라… 주나바라… 주나바라…."

교 수 와 제 자

학생이 리포트를 제출하며 자신이 한 과제를 교수에게 보여주기로 한 날, 교수는 제자가 제출한 보고서를 보고 실망했다.

그 내용을 떠나서, 한 학기 동안 가르쳤음에도 불구하고 교수의 이름을 잘못 쓴 것이다.

"내가 한 학기 동안 잘못 가르쳤구먼."

이 말에 학생은 진땀을 흘렸다.

이때 마침 창가에서 바람이 불어와 교수의 책상에 놓인 교수의 가족사진이 떨어졌다.

실수를 만회할 기회를 찾던 학생은 이때다 싶어 재빨리 달려들어 사진을 주워 턴 다음 다시 책상에 올려놓으며 "아드님이 참 잘 생겼습니다."고 했다.

그러자 교수는…

"딸이다…."

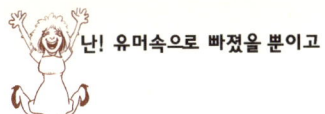 난! 유머속으로 빠졌을 뿐이고

마누라 변천사

반찬투정
애하나: "맛없어?...낼 기다려봐. 맛난 것 만들어 둘께"
애 둘 : "이만하면 괜찮은데, 왜 그래? 애들도 아니고..."
애 셋 : (투정부린 반찬을 확 걷어가며...) "배불렀군!"

잦은 사랑
애하나: "오늘 또 해? 당신 건강이 걱정돼~, 아~~이잉"
애 둘 : "이런데 힘 그만 쓰고 돈 버는데 나 힘 써!!!"
애 셋 : (발길로 걷어차며...) "너, 짐승이니?"

TV 채널
애하나 : "당신 보고 싶은 것 봐. 난 애기 재울께"
애 둘 : "남자가 어찌 TV에 목숨 걸어? 쪼잔하게시리..."
애 셋 : (아내가 보던 채널 돌려놓으면-----) "셋 센다.
　　　 하나 두~....."

 난! 유머속으로 빠졌을 뿐이고

경제권

애하나 : "많으면 뭘 해, 돈은 조금 부족한 듯 한게 좋아"

애 둘 : "돈! 돈! 돈!.....불러도 대답 없는 이름이여"

애 셋 : (월급명세표 뚫어지게 바라보며...) "내일부터 굶어!"

양 육

애하나 : "하나는 부족하지? 둘은 있어야 안 외롭겠지?"

애 둘 : "하나만 놓을 걸 그랬나? 키우기가 왜 이리 힘들어?"

애 셋 : (남편 아랫부분을 째려보곤 악을 쓰며 고함친다) " 그러길래 진작 묶으라고 했잖아~~~~이 웬수야~앗!!! "

감기 걸린 남편

애하나 : "당신이 건강해야 우리 식구가 안심하죠, 약 드세요 "

애 둘 : "밤새 술 푸고, 줄 담배 피는데 안 아픈게 용 한거지

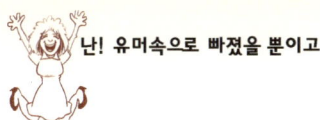

애 셋 : (콧물 훌쩍이는 소리만 들려도...) "애들한테 옮기면 죽을 줄 알어~~ "

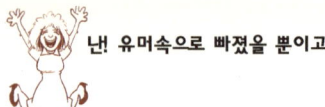

남성전용

맹자가 고속버스를 타고 가다가 소변이 급했다
휴게소에 정차하자 곧바로 화장실을 향했다
너무 급한 나머지 그만 남자화장실로 들어간 것이다
남자화장실의 남자들 소리를 지르며 여긴 남성전용이란 말이요!!!!!!!!!!!!
하고 소리를 질러댔다
느긋하게 볼일을 보면서 맹자는 머리를 굴렸다
화장실문을 열고나오며 줄서서 기다리는 남자들을 바라보면서 치마를 걷어 올리며 하는 말..............

그럼 이것이 남성전용이지 여성전용이란 말입니까?

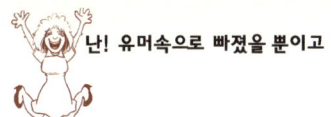 난! 유머속으로 빠졌을 뿐이고

머리 좋은 여자

한 미녀와 변호사가 나란히 비행기에 탔다

변호사가 그녀에게 재밌는 게임을 하자고 제안을 했고, 그 미녀는 피곤해서 그 게임을 공손히 거절했다.

그런데, 그 변호사는 정말 재밌고 쉬운 게임이라고 거듭 강조하며 그녀를 괴롭혔다

변호사:

이 게임 정말 쉬워요. 그냥 질문을 해요,

그리고 대답을 못하면, 서로 500원을 주는거죠, 재밌지 않아요?

다시 그녀는 공손히 거절을 하고, 고개를 돌려 잠을 청했다

그때, 변호사가 다시 말했다

변호사:

좋아요.. 좋아! 그렇다면 당신이 대답을 못하면, 500원을 나에게 주고 내가 대답을 못하면 500만원 주죠!

 난! 유머속으로 빠졌을 뿐이고

  게임에 응하지 않으면 끈질긴 이 남자에게서 벗어날 길이 없을지도 모른다고 생각하던 미녀는, 500만원이라는 말에 찬성을 하고 말았다.

변호사 :

달에서 지구까지 거리가 얼마죠?
그녀는 아무 말 없이 바로 지갑에서 500원을 꺼내 주었다
그리곤, 그녀가 물었다.

미녀 :

언덕을 오를 때는 다리가 세개고 언덕을 내려 올 때는 다리가 네개인게 뭐죠?
이 질문에, 그 변호사는 당황했고 노트북을 꺼내 컴퓨터 안에 있는 모든 데이터를 다 뒤졌다.
그러나 답은 없었다.
잠시 후, 그는 그가 전화 할 수 있는 모든 동료에게 전화를 했고 이메일을 동료들에게 보내기 시작했다.
그러나, 결국 대답을 찾지 못했다.
한 시간 뒤, 결국 그는 치밀어 오르는 화를 참으며 그 미녀를 깨웠다.

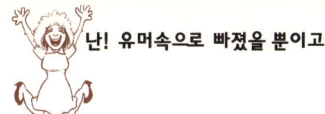

그리고는 그녀에게 조용히 500만원을 꺼내 주었다.

그러자, 그녀는 고맙다는 한마디를 하고, 다시 잠을 청했다. 잠시 열을 식히던 변호사 그녀를 깨우더니 물었다.

변호사 :

아니, 대체 답이 뭐죠?

그러자 그녀는 아무 말 없이 500원을 꺼내 주었다.

그리곤, 다시 잠을 잤다.

"도대체 뭘 보고 저 야단들이지?
내 눈엔 아무것도 안 보이는데 말이야!"

난! 유머속으로 빠졌을 뿐이고

그 애는 엄마도 없대?

매일 집안을 어지럽히는
개구쟁이 아들을 둔 엄마...
어린 자식에게 회초리를 들자니 그렇고...
저녁마다 잠자리에 들기 전에 스스로 씻고 장난감도 가지런히 정돈하는 착한 어린이의 이야기를 들려줬더라.

똘망똘망한 눈으로 엄마의 이야기를 끝까지 경청한 아들...

"엄마, 그 애는 엄마도 없대?"

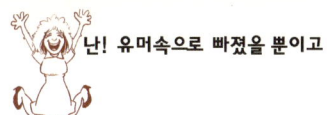 난! 유머속으로 빠졌을 뿐이고

직업

초등학생을 가르치는 미모의 여선생님, 주말에 여행을 위해 기차에 오르자 모든 승객들 중 특히 남성들의 시선이 일제히 선생님에게로 쏠렸는데…

옆자리의 미남 승객이 자리에 앉자마자 미소를 머금고

'실례지만, 아이들이 모두 몇입니까?'

'예? 아~! 모두 43명입니다.'

모든 승객들이 놀라는 표정을 짓고 있는데 뒷 자석의 할머니 한 분이 말을 했다.

'에구~~사람이 어떻게 43명씩이나…'

그러자 이 여선생님,

할머니께 상냥한 미소를 띄우며…

'50명까지도 자신이 있는데요?'

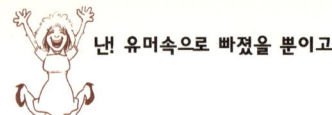 난! 유머속으로 빠졌을 뿐이고

쉬어가는 퀴즈~~

눈 깜짝할 사이에 이루어지는 것은?   윙크
가장 바쁜 사람들이 마시는 술 이름은?   동분서 酒
홈런 때리면 절대 안 되는 운동은?   탁구
세계에서 가장 두렵고 잔인한 총은?   눈총
달면 뱉고 쓰면 삼키는 사람은?   당뇨병 환자
매일 고스톱을 해야 먹고사는 사람은?   교통순경
실업자 되면서 받은 돈은?   정년 퇴직금
세월을 속이는 약은?   머리 염색약

화장실에서

화장실에서 진지하게 큰일을 보고 있는데 옆 칸에 있는 사람이 말을 걸어왔다.

"안녕하세요?"

무안하게 큰일 보면서 웬 인사람. 혹시 휴지가 없어서 그러나...

"아.. 네. 안녕하세요?"

인사에 답을 했는데 별 얘기가 없다.

... 잠시 후 다시 말을 건네는 옆 칸 여자.

"점심식사는 하셨어요?"

이사람 화장실에서 무슨 밥 먹는 얘기를 한담. 그러나 예의바른 나는 다시 답을 한다.

"네, 저는 먹었습니다. 식사 하셨습니까?"

그러자 옆 칸에서 그 사람이 하는 말에 나는 굳어버리고 말았다.

"저.. 전화 끊어야 겠습니다. 옆에 이상한 사람이 자꾸만 말을 걸어서요.-_-+"

너 그 엄마다!!

쏘세지를 만드는 중소기업 사장이 아들이 하나 있는데
이 녀석은 주색잡기 외에는 천하에 관심이 없는 농땡이라 몸은 돼지처럼 뚱뚱하고 느림보다.

사장은 나이는 먹어가고 기력이 점점 떨어지는 것을 느끼며 하루는 아들놈을 불러다 나도 이제 나이가 많아 어려움이 많으니 네가 맡아서 공장운영을 해야 하니 기계를 설명해 주겠다며 함께 가자고하니 돼지 도살장 끌려가는 폼으로 따라간다.

아버지 : 이 기계는 돼지를 잡는 기계고....
이 기계는 쏘시지를 만드는 기계고......
이 기계는 포장하는 기계고.....
그리고 이 기계는 우리 회사에서 제일 중요한 최신식 전자동 기계이다.
즉, 돼지를 넣으면 자동으로 소세지가 되어 나오는 최신식 기계다!
(아들놈이 듣는둥 마는둥 하다가)

 난! 유머속으로 빠졌을 뿐이고

아 들 : 아부지!!
아버지 : (반갑게) 응~ 왜?
아 들 : 질문 있는디요!
아버지 : 뭐 꼬??
아들 : 쏘시지를 넣으면 자동으로 돼지가 나오는 기계는 없어요???
아버지 : 있지!
아 들 : 어디 있어요??? .
아버지 : 너 그 엄마다!!

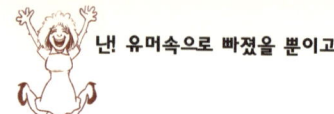

노부인의 소원

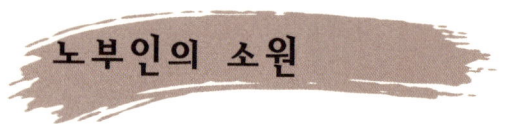

결혼한지 오래 된 부부가 도착한 곳은 동전을 던지고 소원을 비는 우물가. 여자는 몸을 굽히고 소원을 빌고는 동전을 던졌다.

남자도 소원을 빌어보기로 했다.

그런데 몸을 너무 많이 굽히는 바람에 우물 속으로 떨어져 익사하고 말았다.

순간 여자는 깜짝 놀랐지만 곧 얼굴에는 웃음이 떠올랐다.

'정말로 들어 주네…'

골초

2명의 골초가 담배를 피우며 대화를 나누고 있었다.
"담배를 안 피우면 장수한다는 게 사실일까?"
"아냐. 단지 사람들이 그렇게 느끼는 것뿐이야."
"어째서? 네가 그걸 어떻게 알아?"
"실은 나도 그 얘길 듣고 시험 삼아 하루 끊어봤거든…
그랬더니 하루가 얼마나 긴지 정말 오래 사는 기분이 들더라니깐."

"당신 말대로 술담배 다 끊었는데
이것마저 끊으라는 거야?"

라면과 여자의 공통점

1. 빨리 먹지 않으면 엉뚱한 놈이 빼앗아 먹는다.

2. 하나는 모자라고 두 개는 벅차다.

3. 아무리 좋아해도 계속 먹으면 질린다.

4. 가끔은 색다른(?) 방법으로 먹으면 더욱 맛있다.

5. 유난히 밤에 더 생각난다.

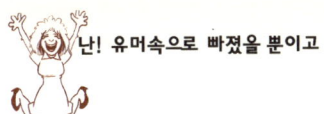 난! 유머속으로 빠졌을 뿐이고

책과 아내

하루 종일 아내는 안중에도 없고 책에서만 눈을 뗄 줄 모르는 남편에게 아내가 푸념했다.

아내 : 여보. 제발 잠깐씩이라도 나와 이야기 좀 할 수 없어요? 당신 주위를 둘러봐요. 온통 책뿐이잖아요. 항상 얼굴을 책 속에 묻히고 그러니 내가 무엇을 원하는지도 모르고 있잖아요….

남편 : 정말 미안해요. 여보….
아내 : 간혹 내가 책이었으면 싶어질 때가 있어요. 그러면 나를 바라보기라도 할 것 아니에요.

그러자 남편은 깊은 생각에 잠기다 말을 꺼냈다.
"흠… 그거 괜찮은 생각이군.
그럼 내가 매일 당신을 도서관으로 데리고 가서 더 재미있는 것과 바꿀 수도 있겠군."

엄지손가락

60년대 어느 농촌 마을에 보건소에서 나와 우리나라의 인구가 많으니 가족계획을 해야 한다고 홍보했다.

여러 가지 방법이 있으나 가장 쉬운 것은 한국에 처음 선보인 콘돔을 사용하는 것이라고 열심히 콘돔 사용에 대해 설명했다.

엄지손가락을 펴 보이며 콘돔은 이렇게 끼워 사용하는 것이라고 구구절절하게 설명하고 돌아갔다.

이듬해 보건소에서 다시 설문 조사를 하러 나왔다.

그러나 어찌 된 일인지 그 마을에는 아이들이 많이 태어나 있었다.

의아해진 보건소 직원이 어찌 된 일이냐고 물었다.

그러자 동네 아저씨들이 외쳤다.

"우리는 선생님이 가르쳐준 대로 엄지손가락에 끼우고 했을 뿐이에요"

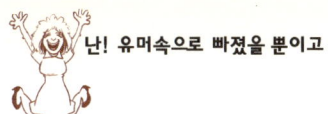

먹어야 살 것 아니니

어떤 노처녀가 결혼 이야기만 나오면 이렇게 말하곤 했다.
"남자들은 모두 늑대야 내가 늑대 밥이 될 것 같아?"
그러던 어느 날. 그녀가 갑자기 친구들한테 결혼을 하겠다고 발표했다.
친구들이 놀라서 물었다.
"아니. 어떻게 된 거니?
절대 늑대 밥은 되지 않겠다고 장담 해놓고선?"
그러자 그녀가 대답했다.

"얘들은… 늑대도 먹어야 살 것 아니니?"

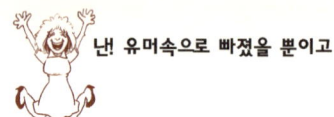 난! 유머속으로 빠졌을 뿐이고

남탕에 간 이유

여섯 살 난 철수네 뒷집에 영희가 이사 왔다.
철수는 예쁘고 깜찍한 영희에게 반했다.
그러던 어느 날 철수는 아빠하고 목욕탕에 갔다가 영희와 마주치고 말았다.
창피한 철수는 고추를 손으로 감추고 영희에게 물었다.
"너는 어떻게 여자애가 남탕에 오니!"
영희는 아무렇지도 않다는 듯 철수의 엉덩이를 '철썩' 때리더니 말했다.

"여탕에서는 미끄러지면 잡을 게 없잖아."

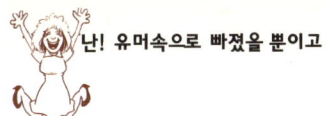 난! 유머속으로 빠졌을 뿐이고

맹인의 재치

한 맹인이 지팡이를 짚으며 조심스럽게 길을 가고 있었다.

그런데 웬 개 한 마리가 겁도 없이 다리 한쪽을 들더니 그 맹인의 바지에 오줌을 싸고 말았다.

하지만 맹인은 화를 내지 않고 저 멀리 달아난 개를 향해 과자를 꺼내더니 주려고 했다.

그때 마침 종교인이 지나가다가 그 광경을 보고 말했다.

"왼뺨을 맞거든 오른뺨도 마저 내밀라는 성경 말씀을 실천하는 그 모습에 감동을 받았습니다. 저 같으면 머리를 한 대 쥐어박았을 텐데. 과자를 주다니요?"

그러자 맹인이 말했다.

"흠…과자를 줘야 그놈의 대가리가 어디 있는지 알게 아니오?"

남자가 여자를 무서워 할 때

30대 : 아내가 백화점 갈 때

　　　(아내가 긁을 카드대금이 걱정돼서)

40대 : 아내가 샤워할 때

　　　(시들어가는 남편은 밤을 무서워할 수밖에)

50대 : 아내가 화장할 때

　　　(바람난 것이 아닌가 싶어서)

60대 : 아내가 보따리 쌀 때

　　　(아내가 집을 나갈까봐)

70대 : 아내가 도장을 찾을 때

　　　(이혼하자고 할까봐)

80대 : 아내가 목공소 갈 때

　　　(벌써 자기 관을 짜러 가나 싶어서)

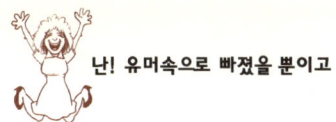 난! 유머속으로 빠졌을 뿐이고

남편을 찾는 중~~~

호텔 파티를 즐기던 부인이 지배인을 불렀다.

"조금 전까지 여기에서 칵테일을 나르던 섹시한 아가씨가 보이지 않네요?"

지배인이 당황하며 대답했다.

"죄송합니다. 부인. 곧 칵테일을 준비해 드리겠습니다."

그러자 부인이 손을 내저으며 말했다.

"그게 아니라. 제 남편을 찾는 중이에요."

"그 아가씨 어디 있죠?"

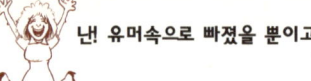

사랑하는 젊은 두 연인이 산에 올라가 낭만적인 겨울 휴가를 보내기로 했다.

목적지에 도착했을 때 남자는 밖에 나가서 장작을 팼다.

일을 끝내고 돌아온 남자가 말했다.

남자 : 자기야. 손이 얼어붙는 것 같아!

여자 : 그럼 내 가랑이 사이에 손을 넣어. 따뜻해질 거야.

그렇게 하니 몸이 따뜻해졌다.

남자는 점심식사 후에 다시 나가서 장작을 더 패고 돌아왔다.

남자 : 와! 정말 손이 얼어붙는 거 같아!

여자 : 내 가랑이 사이에 손 넣으면 따뜻해질 거야.

저녁식사 후에 남자는 한 번 더 나가서 밤사이에 사용할 장작을 더 팼다.

남자가 돌아와서 '자기야. 정말로 손이 얼어붙는 것 같아!' 라고 말하자.

여자가 남자를 쳐다보며 울부짖듯 말했다.

"자기야. 왜 얼굴이 시리다는 말은 안 하는 거야?"

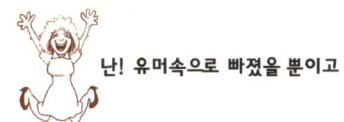 난! 유머속으로 빠졌을 뿐이고

국회의원과 마누라의 공통점

어느 남자가 국회의원이 TV에 나오는 것을 보다가 마누라와의 공통점을 찾았고 이를 인터넷에 글로 올렸다.

1. 자기는 할 일이 너무 많아서 바빠 죽겠다고 하는데, 내가 보기에는 매일 노는 것 같다.
2. 무슨 돈 쓸 일이 그렇게 많은지 돈이 부족하다는 소리뿐이다.
3. 내가 원해서 된 사람이지만 시간이 지날수록 영 마음에 들지 않는다.
4. 내가 자기를 좋아하는 줄 안다.
5. 자기가 하고 싶어서 했으면서 꼭 내 핑계를 댄다.

 난! 유머속으로 빠졌을 뿐이고

물안개!

골프를 좋아하는 중년남자가 한적한 경상도지역 골프장으로 라운딩을 하러 갔답니다.

마침 골프장에 손님이 별로 없어서인지 아가씨 캐디 한명이 따라 나섰습니다.

오빠 굿~ 나이스 샷!!

홀 속으로 빨려 들어가는 쥑이는 묘한 쾌감. 18홀 그린 구멍을 다 돈 후남자가 슬슬 다른 구멍 욕정이 절실하여 아가씨 캐디에게 2차 라운딩(?)을 청하였답니다.

그러자 아가씨 캐디가 기분 나쁜 표정을 지으며 "물안개"라고 응답하였습니다.

"물안개"가 뭐냐고 묻자 캐디는 "물론 안 되지, 이 개 같은 넘아!!"라며 가버리고 말았답니다.

농담

중년 남자가 얼마 전에 세상을 뜬 아내의 묘를 찾아와 울면서 말했다.

"흑흑흑… 여보. 왜 당신 먼저 갔소. 정말이지 당신이 몹시 보고 싶소. 당신 없이는 외로워서 못 살겠소. 하느님. 제 아내를 딱 한 번만이라도 볼 수 있게 해주시면 더 이상 바랄 게 없습니다."

그때. 봉분 꼭대기가 약간씩 들썩거렸다.

너무 놀란 남자는 혼비백산 줄행랑을 치며 비명을 질러댔다.

"하느님! 농담한 건데 왜 그러세요? 살아나면 골치 아파요!"

 난! 유머속으로 빠졌을 뿐이고

유효기간

회사에 출근한 맹구가 직장 동료 영구에게 말했다.

맹구: 영구야. 재밌는 문제 풀어봐. 세계 10대 부자인 70대 노인하고 20대 미녀가 눈이 맞아 잠을 잤는데 한 사람이 죽었어. 누가 죽었게?

영구: 그거 너무 쉽잖아.
당연히 70대 노인 아니겠어? 아마도 심장마비겠지?

맹구: 틀렸어. 20대 처녀가 죽었어.
영구: 정말? 이유가 뭐야?
맹구: 20대 미녀는 유효기간이 지난 것을 먹었으니 죽을 수밖에….

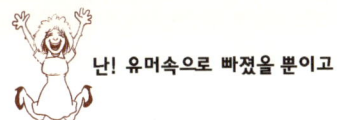

남자가 최근의 엄청난 스트레스로 잠자리를 갖기 어려워 고민했다.

남자는 마인드 컨트롤을 하기 위해 부인과의 잠자리에 들어가면서 중얼거렸다.

"하면 된다! 하면 된다! 하면 된다!"

자신에게 세뇌를 하면서 자신감을 가지고 대시하려는 순간. 부인도 중얼거리는 소리가 들렸다.

"되면 한다! 되면 한다! 되면 한다!"

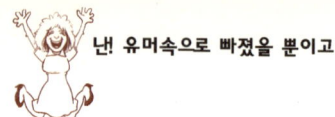

남편의 후회

소파에 앉아 한숨을 쉬고 있는 남편을 보고 아내가 물었다.

"왜 그래요. 무슨 일이에요?"

"우리가 연애할 때. 당신 아버지가 내게 만약 결혼하지 않으면 강간죄로 고소해서 20년을 옥살이시키겠다고 하신 말씀 기억나지?"

"그런데요. 왜요?"

그러자 남편이 말했다.

"내가 잘못 생각했어. 그냥 감옥에 갔었더라면 오늘 출감하는 날인데 말야…"

백수의 중요한 것

1. 집안 살림을 잘 하고 나만 바라보는 여자를 만나는 것이 중요하다.
2. 물질적으로 풍족해 항상 비싼 선물을 사주는 여자를 만나는 것이 중요하다.
3. 밤새도록 침대에서 화끈한 여자를 만나는 것이 중요하다.
4. 하지만. 가장 중요한 것이 있다.

그것은 이 세 명의 여자들이 서로 모르는 사이여야 한다는 것이다.

남자도 할 말 있다

여러 남자와 여자들이 찜질방에서 시간을 보내고 있는데 한 여자가 투덜댔다.

"여자들은 아이를 낳고 키우느라 온몸이 다 아파서 그 놈의 신경통 때문에 찜질방에 와서 찜질하는데. 남자들은 무엇 때문에 찜질방에 오는지 이해가 안가!"

그러자 옆에 있던 남자가 말했다.

"아줌마. 여자들이 이유가 있듯이 남자들도 다 이유가 있어요."

"뭔데요? 여자들은 아이 낳느라고 고생했지만. 남자들은 아이 낳을 때 뭘 했다고 와요?"

이에 또 다른 남자가 말했다. "남자들은 아이 만드느라 무릎이 까지고 신경통에 걸리잖아요. 그래서 와요."

사기 전에 만져보는 거란다

어느 날 아빠가 아들을 데리고 소 경매시장에 갔다.

사람들이 소의 몸을 만지작거리고 있는 것을 본 아들이 물었다.

"아빠. 왜 소를 만지작거려요?"

아빠가 말했다.

"소를 사려면 만져봐야 한단다."

그리고 며칠 후.

아들이 급하게 집으로 뛰어 들어오며 소리쳤다.

"아빠! 큰일 났어요."

"도대체 무슨 일이야?"

"옆집 형이 우리 누나를 사려고 해요."

남편이 필요할 때

1. 밤늦게 쓰레기 버리려 나가야 할 때
2. 형광등이나 전구가 나갔을 때
3. 한밤중 손이 닿지 않는 곳이 가려울 때
4. 내가 좋아하지 않는 음식이 남아서 처치곤란일 때
5. 야한 비디오를 빌리거나 갖다 줄 때

낙타모자

동물원에 사는 꼬마낙타가 엄마낙타에게 물었다.

꼬마 낙타 : 엄마. 우리 등에는 왜 혹이 있는 거야?

엄마 낙타 : 그건 사막에서 오랫동안 물 없이도 살 수 있게 하기 위해서야.

꼬마 낙타 : 왜 우리 발은 이렇게 넓적하고 털이 많아?

엄마 낙타 : 그건 말이야. 사막 모래에 안 빠지기 위해서야.

꼬마 낙타 : 그러면 우리 눈썹은 왜 이렇게 길어?

엄마 낙타 : 모래가 눈에 안 들어가게 하기 위해서야.

꼬마 낙타 : 엄마. 그런데 우리는 동물원에서 뭐 하는 거야.

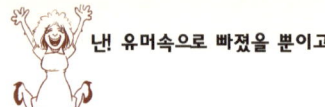 난! 유머속으로 빠졌을 뿐이고

덕담

최근 시집온 셋째 며느리가 말을 함부로 해 온 가족이 불안해 했다.

그러던 어느 날. 시아버지 환갑잔치가 벌어졌다.

삼형제 부부가 차례로 절을 하고 덕담을 드렸다.

먼저 큰 며느리가 입을 열었다.

큰 며느리: 아버님 '학' 같이만 사세요.

시아버지 : 무슨 말인고?

큰 며느리: 학은 200년을 산다고 합니다. 오래오래 사세요.

시아버지 : 오호 그렇게 깊은 뜻이? 아가야. 고맙구나.

이번엔 둘째 며느리가 사뿐히 절을 한다.

둘째 며느리 : 아버님. '거북이' 같이만 사세요.

시 아 버 지 : 그건 또 무슨 소린고?

둘째 며느리 : 거북이는 500년을 산다고 합니다. 오래 오래 사세요.

마침내 셋째 며느리 차례가 되자 가족들 모두 긴장을 했다.

 난! 유머속으로 빠졌을 뿐이고

셋째 며느리 : 아버님. '거시기' 처럼만 사세요.

가족들은 모두 '또 일을 저질렀구나!' 하며 가슴이 철렁 내려앉았고 시아버지도 무안해서 얼굴이 벌겋게 달아올랐다.

시아버지 : 아가야. 그게 무슨 해괴한 소리냐?

그러자 셋째 며느리가 말했다. "세상에 뭐니 뭐니 해도 죽었다가 다시 살아나는 것은 거시기 뿐입니다."

미안합니다. 만원 상태입니다.

간만에 느끼고 싶어

신혼부부가 있었다.

그런데 남편은 회사 일에 지쳐 매일 파김치가 되어

퇴근하고는 침대에 축 늘어져 하룻밤 내내 코만 골고 잤다.

어느 날 남편이 퇴근하고 침대에 눕자 새색시는 침대에 눕지 않고 혼자 방바닥에 누웠다.

신랑이 물었다.

"왜 방바닥에서 자려고 해?"

그러자 신부가 대답했다.

"오랜만에 딱딱한 걸(?) 느껴보고 싶어서요."

체중미달

회진을 하고 있던 선임의사가
신생아들을 둘러보다가 발걸음을 멈췄다.
"이 아이는 어째서 이렇지?
무척이나 작아서 체중미달인 것 같으니 말이야"라고 그가 물었다.
"인공수정으로 태어난 아이라서 성장이 좀 더딘 것 같습니다"라고 상냥한 간호사가 대답했다.
그러자 의사가 눈을 깜빡거리며 말했다.
"속담에서 듣던 대로군. 방망이를 아끼다간 자식새끼 망친다잖아?"

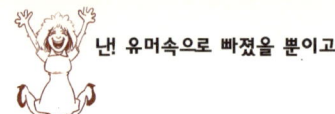

한 꼬마가 복잡한 길에서 초미니 스커트 차림의 키다리 금발 아가씨에게 발을 밟혔다.

꼬마는 위를 쳐다보면서 아가씨에게 소리쳤다.

"까만 머리 누나, 발 조심해!"

금발 아가씨는 내려다보면서

"난 까만 머리가 아니야. 금발머리야!"라고 했다.

그러자 꼬마가 말했다.

"여기서 보면 금발이 아니란 말이야!"

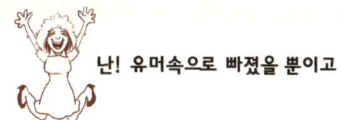 난! 유머속으로 빠졌을 뿐이고

거품 하면 ~~

10대 : 보글보글, 콜라, 사이다
20대 : 맥주, 카푸치노, 면도
30대 : 설거지, 목욕
40대 : 옷값, 집값, 경제전반
50대 : 오염된 개천, 치료비, 약값
60대 이후 : 인생

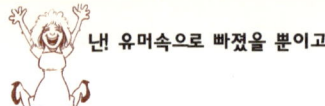 난! 유머속으로 빠졌을 뿐이고

유아성교육

　미혼모의 연령대가 점점 낮아지는 현실에서 교육부는 특단의 조치로 유아 때부터 성교육을 실시하기로 하고 한 유치원을 선정했다.

　유치원생들을 모아놓고 막 성교육을 실시하려는데 갑자기 한 남자아이가 벌떡 일어나며 말했다.

　"나는 어떻게 하면 아이가 생기는지 벌써 다 알아요!" 남자아이의 말에 선생님과 교육부 관계자들은 기가 막혔다.

　그런데 더 기가 막힌 상황이 벌어졌다.

　남자아이의 말이 끝나기가 무섭게 한 여자아이가 벌떡 일어나서 소리쳤다.

　"나는 어떻게 하면 아이가 안 생기는지도 알아요!" 그러자 한 선생님이 당황해 하며 말했다.

　"얘들아. 너희는 알아도 몰라도 안 생긴단다…."

 난! 유머속으로 빠졌을 뿐이고

마누라 안 깨우는 법

경찰서에 온 한 남자는 전날 밤 그의 집에 들어왔던 도둑을 만나보게 해달라고 했다.

남자 : 그 친구를 좀 만나볼 수 있을까요?

경찰 : 재판할 때 만나볼 수 있을 텐데 왜 그러시죠?

남자 : 실은 그 사람한테서 알아내야 할 게 있어서요.

경찰 : 그게 뭔데요?

그러자 남자가 대답했다.

"어떻게 우리 마누라를 깨우지 않고 우리 집에 들어올 수 있었는지 알고 싶어서요. 난 수 십년 동안 해봐도 안 되던데…"

거시기

어느 대학교 강의시간에 교수가 학생들에게 질문했다.
"여러분 세상에서 가장 가벼운 물체가 무엇일까요?"
그러자 어느 학생이 재빨리 대답했다.
"우라늄 입니다."
그때 강의실 가장 뒤에 앉은 남학생이 매우 흥분된 목소리로 말했다.
"교수님. 제 생각에 세상에서 제일 가벼운 것은 남자의 거시기입니다."
이 대답을 이상하게 여긴 교수가 물었다.
"학생! 왜 그렇게 생각하나요?"
그러자 남학생이 말했다.
"남자의 그것은 얼마나 가벼운지 생각만으로도 세워 올릴 수 있거든요…."

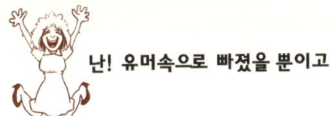 난! 유머속으로 빠졌을 뿐이고

낚시 광

낚시를 좋아하는 두 남녀가 밤낚시를 하다가
텐트 안에서 불을 끄고 잠자리에 들었다.
그런데 한참 지나도록 남자한테서 아무런 반응이 없자 여자가 먼저 입을 열었다.
"자기야…. 어째 입질도 하지 않아?"
그러자 남자가 답답해하며 말했다.

"나도 하고 싶은데 어두워서 미끼가 보여야지!"

부부싸움

부부싸움을 할 때 아내의 말을 자세히 들어보면
그 남편이 낮일을 잘하는지 밤일을 잘하는지 알 수 있다.

1. "잘났다 잘났어 정말!??" -낮일과 밤일 모두 잘하는 경우.
2. "돈이면 다야? 밥만 먹고 사냐?" -낮일은 잘하는데 밤일은 못하는 경우.
3. "당신이 인간이야? 짐승이지!" -낮일은 잘 못하고 밤일만 잘하는 경우.
4. "당신이 나한테 해준 게 뭐 있어?" -둘 다 못하는 경우.

보기 드문 현상

초등학교 선생님이 아이들에게 자연 문제를 내고 있었다.

"기러기 수십 마리가 떼를 지어 날아가다가 갑자기 수직으로 땅에 떨어져 죽었습니다.

이것을 무슨 현상이라고 할까요?"

아이들이 손을 들어 의견을 발표했다.

철수 : 만유인력 집결현상입니다.

순이 : 자유낙하 현상입니다.

그러자 이를 보던 맹구가 일어나 대답했다.

"극히 보기 드문 현상입니다."

임종

임종을 앞둔 노인에게 목사가 기도를 해주기 위해 왔다.
"예수님을 영접하고 마귀 사탄을 부정하세요.
그래야만 천국에 갈 수 있습니다."
그러나 노인은 아무 말도 하지 않았다.
"어서 마귀 사탄을 부정 하십시오"라고 목사가 강요를 해도 노인은 아무 말이 없었다.
"도대체 왜 마귀 사탄을 부정하지 않는거죠?"
그러자 노인이 힘겹게 말을 꺼냈다.
"흠…. 내가 어느 쪽으로 갈지 모르는 상황에서 누굴 화나게 하긴 싫소…."

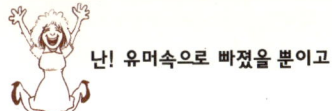

놀부 댁

놀부네 집에 거지가 찾아왔다.

거지는 배가 너무 고파 놀부 마누라에게 매달리며 애원을 했다.

"제발 부탁드립니다. 배가 너무 고파서 그래요. 찬밥이라도 있으면 주세요."

"사흘 지난 쉰밥이라도 괜찮겠나?"

"그럼요."

그러자 놀부 마누라는 거지에게 이렇게 말했다.

"그러면 사흘 뒤에 들러!"

가장 절실한 것

착륙을 앞둔 비행기 기장이 착륙 안내방송을 마쳤다.

그리고는 마이크 끄는 것을 깜박 잊고 부기장에게 농담삼아 말했다.

"지금 내게 가장 절실한 것이 무엇인줄 아나? 바로 섹스를 해줄 여자와 커피 한잔이지!"

객실에서는 손님들이 웅성거리기 시작했고 이 이야기를 들은 스튜어디스가 놀라서 마이크가 켜져 있다는 것을 기장에게 알려주기 위하여 조종석으로 달려갔다.

그러자 그때 승객 중 한명이 다급하게 말했다.

"이봐. 아가씨! 커피도 가지고 가야지!"

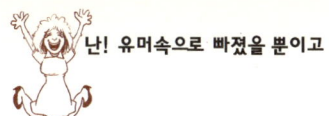

화장실에서

어느 신사가 길을 가던 중. 갑자기 배가 아파 근처 건물의 화장실에서 급히 볼일을 보게 되었다.

그런데 볼일을 다 보고 난 후 화장실 안을 살펴보니 휴지가 없었다.

신사는 어쩔 줄 모르고 있는데 때마침 옆 칸에서 인기척이 났다.

신사: 저! 실례합니다. 옆에서 볼일 보시는 분….

옆칸 남자 : 왜요…?

신 사 : 휴지 남는 거 있으면 좀 주실래요. 제가 휴지가 없어서….

옆칸 남자 : 죄송합니다. 저도 휴지가 한 장밖에 없는데요.

신사 : 그럼 신문이라도….

옆칸 남자 : 신문도 없어요. 죄송합니다.

신사: 그럼 종이 같이 생긴 것 아무거나 있으면 좀 주세요….

옆칸 남자 : 저도 급하게 와서 아무 것도 없네요.

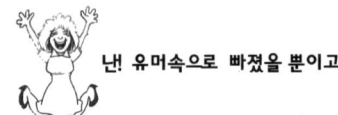 난! 유머속으로 빠졌을 뿐이고

그러자 신사는 결심한 듯 칸막이 밑으로 무언가를 옆 칸 손님에게로 내밀며 한마디 했다.

신사 : 아저씨. 그러면 이 만원짜리를 천원짜리로 좀 바꿔주실래요?

여자의 어디가 좋아

 절친한 남자 셋이서 술을 마시며 '여자'에 대해 이야기를 나누고 있었다.
 남자 1 : 너희들은 여자의 어디가 좋아? 난 여자 엉덩이 보는 게 정말 즐겁더라.
 남자 2 : 그래? 난 여자의 가슴을 보는 게 가장 즐겁더라고.
 그러자 또 다른 남자가 약간의 미소를 머금으며 대답했다.
 "난 여자의 머리 위를 볼 때가 가장 좋더라."

주식과 결혼의 공통점

1. 희망찬 기대를 가지고 시작한다.

2. 해도 후회하고 안 해도 후회한다.

3. 그 결과를 누구도 예측할 수 없다.

4. 화려한 겉모습으로 항상 사람을 속인다.

5. 종목을 고르고 나면 그때부터 단점이 보이기 시작한다.

6. 자기는 이미 하고서 남에게는 절대로 하지 말라고 말린다.

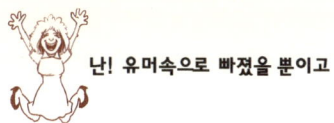 난! 유머속으로 빠졌을 뿐이고

마음은 청춘…

70세가 넘으신 할아버지. 할머니가 어두운 밤 길모퉁이에서 아주 찐하게 끌어안고 있었다.

그때 젊은 남녀가 지나가면서 그 광경을 목격하고 중얼거렸다.

"맙소사??. 나이 드신 분들이 민망하게 왜 저러시나…."

그때 그 소리를 들은 할머니가 소리쳤다.

"이놈들아! 늙은 사람들은 감정도 없을 것 같냐?"

그러자 할아버지가 이에 질세라 소리쳤다.

"이놈들아! 찌그러진 냄비는 고구마를 못 삶는다 하더냐!"

음주테스트

유흥업소에서 묘기를 하는 사나이가 저녁에 업소에 나가는 길에 불심검문을 당했다.

경찰이 뒷 트렁크를 열어보니 칼이 몇 자루 있었다.

사내는 자신이 야간업소에서 칼로 묘기를 부리는 사람이라고 설명했으나. 경찰은 믿어지지 않는다며 시범을 보이라고 했다.

사내는 트렁크에 있던 칼자루를 꺼내 공중에 던져 주고받는 묘기를 보였다.

그 때 그 뒤에 다른 차가 한 대 섰다.

그 차 운전사는 그 광경을 보고는 창문을 내리며 말했다.

"휴~ 술 끊기를 잘했지. 갈수록 음주 테스트가 어려워지는군…."

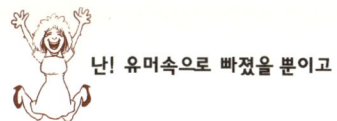 난! 유머속으로 빠졌을 뿐이고

연인의 대화

만난 지 1년쯤 되는 두 연인이 대화를 나누고 있었다.
여자가 남자에게 말했다.
"자기야. 난 자기 없으면 단 하루도 못살 것 같은데 자기는?"
그러자 남자가 대답했다.
"응. 나도 나 없이는 하루도 못살아!"

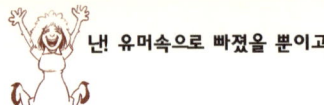

투자

신문을 보던 남편이 투덜거렸다.

남편 : 이놈의 주식 또 떨어졌잖아! 괜히 투자를 해가지고….

그러자 옆에 있던 부인도 투덜거렸다.

부인 : 나도 속상해요. 다이어트를 했지만 아무 효과가 없으니….

그러자 신문을 덮은 남편이 아내의 몸을 쳐다보며 힘없는 목소리로 말했다.

남편 : 내가 투자한 것 중에서 두 배로 불어난 건 당신밖에 없어….

 난! 유머속으로 빠졌을 뿐이고

어머니가 내려다보니. 여덟 살짜리 큰딸이 여섯 살짜리 동생을 자기들이 하는 놀이에 끼워주지 않고 있었다.

"얘. 너는 어째서 동생을 데리고 놀지 않니?"

"너무 어려서 판을 깨니까 그렇죠."

"제발 참을성 있게 잘 데리고 놀아라."

얼마 후에 어머니가 다시 내려다보니 작은 딸이 여전히 언니들의 놀이에 끼지 못하고 한쪽 구석에 앉아 있었다.

어머니가 작은딸에게 물었다.

"널 놀이에 끼워주지 않던?"

"아냐 엄마. 난 가정부인데 오늘은 쉬는 날이야."

술만 마시면

출장에서 돌아온 부장이 부하 직원에게 물었다.
부장 : 나 없는 사이에 그 녀석이 또 술 마시고 주정 부렸다며?
그러자 한 직원이 대답했다.
직원 : 늘 하던 대로 아무에게나 욕하고 그랬죠.
부장이 혀를 차며 말했다.
부장 : 그 녀석 술만 안마시면 지금쯤 대리는 됐을 텐데….
그러자 부하직원이 웃으며 말했다.
직원 : 괜찮을 거예요.
술만 마시면 사장이 되는 걸요! 뭘~!

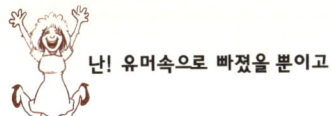 난! 유머속으로 빠졌을 뿐이고

부부싸움의 채널은?

어느 날 한 부부가 서부활극 뺨치는 싸움을 시작했다. 말이 거칠어지기 시작하더니. 끝끝내 서로 엉겨 붙어서 한바탕 활극이 벌어졌다.

그릇 깨지는 소리. 의자 부서지는 소리 등…. 한참을 싸우다가 결국 부인이 목 놓아 울고 있었다.

이때 초인종이 울리면서 옆집 소년이 큰소리로 말했다.

"아저씨~ 우리 아빠가 아저씨네가 지금 보고 있는 TV 프로가 몇 번인지 물어 보래요~!"

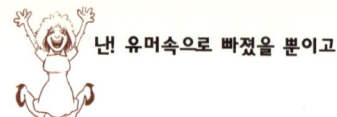 난! 유머속으로 빠졌을 뿐이고

아버지의 이름

  자정이 훨씬 넘어 경찰이 야간 순찰을 하는데 잠옷 바람의 꼬마가 고개를 푹 숙이고 집 앞에 앉아 있었다.

  경찰은 이상해서 꼬마에게 물었다.

경찰 : 얘. 너 여기서 뭐하니?

꼬마 : 엄마 아빠가 싸워서 피해 나온 거예요. 물건을 막 집어 던지고 무서워 죽겠어요.

경찰 : 쯧쯧… 너의 아버지 이름이 뭐니?

  그러자 꼬마가 대답했다.

꼬마 : 글쎄 그걸 몰라서 저렇게 싸우시는 거예요!

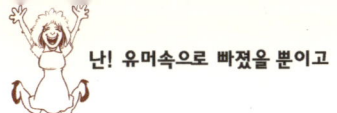

좀 연결 좀 해줘

80세가 넘은 할머니가 어디다 전화를 거는지 수화기를 들고 쪽지에 적힌 번호를 수시로 봐가며 다이얼을 하나하나 누르고 있었다.

다이얼을 너무 늦게 누르니 전화기에서 "다이얼이 늦었으니 다시 확인하시고 걸어주십시오"라는 소리가 들렸다.

그러자 할머니가 수화기에 대고 애처롭게 말했다.

"그러지 말고 좀 연결해 주구려. 늙은이가 빨리 못 눌러서 그래. 좀 연결해줘."

맘껏 일 보세유~~

방 한 칸에서 가난하게 사는 부부와 아들이 있었다.

아들이 자랄 만큼 자라서 혹시나 볼까봐서 '밤일'을 제대로 하지 못했다.

그래서 '밤일'을 할 때마다 남편이 아들이 자나 안자나 확인한 후 '밤일'을 하곤 했다.

그러던 어느 날 밤 아들이 곤히 잠든 날이었다. 남편은 부인 곁으로 가서 일할 자세를 취하였다. 그러자 부인이 말했다.

"여보, 내일 장날이잖아유. 새벽 일찍 일어나 장터에 나갈려면 피곤할 거 아니에유?

오늘은 그냥 잡시다요." 이 때 자고 있던 아들이 한마디 했다.

"괜찮아유 엄니! 내일 비온대유."

다음날 정말 비가 왔다. 비가 오니까 더욱 그 생각이 났다.

남편은 오랜만에 낮에 하고 싶었는데 아들 녀석이 방 안에만 있는 것이었다.

눈치 없는 아들에게 남편이 말했다. "너 훈봉이네 가서 안 놀려?"

부인도 거들었다. "그려, 혼자 재미없게 뭐하냐? 개네 집서 놀지?"

그러자 아들이 퉁명스럽게 말했다. "지를 눈치 없는 놈으로 보지 말아유. 그 집이라고 그거 생각 안 나겠서유?"

비는 그쳤고 마지막 장날이라 부부는 읍내장터에 갔다.

읍내에 가니 볼거리가 많았다.

그중에서 눈에 띄는 것이 극장 포스터인데 외국배우 한 쌍이 야릇한 포즈를 취하는 그림을 본 것이다.

서서하는 포즈인데 남편은 오늘밤 집에 가서 해보려고 유심히 쳐다보았다.

그날 밤 남편은 포스터의 장면처럼 부인을 들어서 해보려고 힘을 썼다.

처음 하는 자세라 남편은 균형을 잃고 그만 넘어지고 말았다.

이에 아들이 깔리고 말았다. 아들이 깔린 채로 하는 말, "그냥 하던 대로 하면 이런 일 없잖아유!"

어느날 이들 부부는 결혼 10주년을 맞이했다.

10주년이라고 해도 가난한 이들에겐 별의미가 없었다.

한숨만 나올 뿐이었다.
밤이 되자 아들이 베개를 들고서 말하는 것이다.
"아부지! 엄니! 오늘 결혼 10주년이지유?
오늘은 지가 장롱에서 잘 테니께 맘껏 볼 일 보세유~!"

어떻게 알았지?

여비서 두 명이 커피를 마시면서 이야기를 하고 있었다. 한 여비서가 말했다.

"이번에 새로 오신 이사님 말이야~ 옷도 참 근사하고 세련되게 잘 입으시고 참 멋지시더라!"

그러자 다른 여비서가 맞장구 쳤다.

"정말이야! 게다가 옷도 엄청 빨리 입으시더라!"

사진

한 남자가 누드촌에 들어가 살게 되었다.

그런데 그의 엄마가 새로 옮긴 곳에서 찍은 최근 사진을 보내달라고 편지를 했다.

자신이 누드촌에 산다는 걸 알린다는 게 너무 민망해서 남자는 사진을 반으로 잘라서 상반신을 엄마에게 보냈다. 나중에 할머니에게도 사진을 보내주라는 편지를 또 받았다.

남자는 다른 사진을 반으로 잘랐는데. 이번에는 실수로 상체가 아니라 하체 쪽을 보냈다.

엉뚱한 부분을 보낸 것을 깨달은 남자는 전전긍긍하다가 할머니의 시력이 나쁘다는 사실을 떠올리고 마음을 놓고 있었다.

그리고는 몇 주 후. 할머니에게서 편지가 왔다.

거기에는 이렇게 씌여 있었다.

'편지 잘 받았다. 헤어스타일을 좀 바꾸렴. 지금 스타일은 코가 좀 작아 보이더구나!'

폰섹스

어느 신혼부부의 집에 음란전화가 걸려왔다.
"흐흐흐… 저랑 폰섹스 하실래요?"
그러자 새색시가 큰소리로 말했다.
"당신 누구에요? 필요 없어요. 이런 전화하지 마세요!"
하지만 상대방은 끊지 않고 계속 말했다.
"흐흐흐… 내가 지금 무언가를 꼭 잡고 있는데 이 한쪽 손에 쥐고 있는 게 뭔지 알고 싶지 않아…?"
그러자 새색시가 외쳤다.
"이봐요! 한 손에 잡히는 것은 더 필요 없어요!"

엄마 나보다~~~

어린 아들이 거짓말을 해서 엄마는 큰 충격에 빠졌다.

고민 끝에 아들을 불러 거짓말을 하면 어떻게 되는지 설명했다.

"거짓말을 하면 새빨간 눈에 뿔이 달린 괴물이 밤에 와서 잡아가. 잡아가서 불이 활활 타는 골짜기에 가둬 중노동을 시키지 그래도 너 자꾸 거짓말을 할 거야?"

그러자 아들이 대답했다.

"참나… 엄만 나보다 거짓말을 더 잘하네 뭐!"

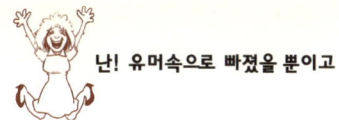 난! 유머속으로 빠졌을 뿐이고

환자의 맥박

열이 높은 환자가 간호사에게 진찰을 받고 있었다.

진찰을 하던 간호사는 뭔가 잘 안 되는 듯 의사에게 달려가 말했다.

"선생님 제가 몸을 기울여 이 환자의 심박과 맥박을 들어보려 할 때마다 환자의 맥박이 빨라지는데 어떻게 해야 하죠?"

그러자 의사가 말했다.

"음… 간호사. 상의 단추가 풀렸군요. 채우고 다시 해보세요."

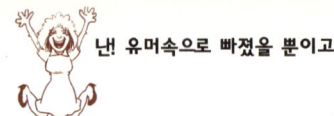 난! 유머속으로 빠졌을 뿐이고

부인 지금 집에 있나?

치통을 심하게 앓고 있는 맹구가 친구를 만나 통증을 없앨 방법이 없냐고 물었다.

친구는 망설임 없이 대답했다.

"어디가 아플 때 나는 아내한테 달려가지. 그러면 아내가 나를 안아주면서 통증이 없어질 때까지 편안하게 해준다네."

그러자 맹구가 기쁨에 탄성을 질렀다.

"오! 그거 좋은 것 같군 자네 부인 지금 집에 있나?"

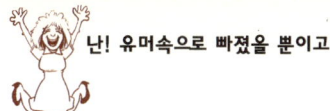 난! 유머속으로 빠졌을 뿐이고

몹시 추운 어느 겨울. 한 교회에 노총각 신임 목사가 부임했다.

저녁 무렵 할머니 한 분이 불편한 게 없는지 살피러 왔다며 먹을 것을 챙겨서 목사관을 찾았다.

목사와 할머니는 함께 저녁을 먹고 성경책을 읽고 있는데. 목사가 가만히 보니 할머니가 성경의 내용은 읽지 않고 사람 이름만 소리 내 열심히 읽는 것이었다.

이상하게 생각한 목사가 할머니에게 물었다.

"할머니. 왜 사람 이름만 읽으세요?"

그러자 할머니가 웃으며 대답했다.

"목사님도 참! 곧 하느님 앞에 갈텐데 성경을 다 읽어서 뭐해요? 이 사람들 다 천국에 있을 텐데. 이름은 외워 가야 만나면 아는 척이라도 하지요."

옷 좀 다려 입지

한 남자가 젊었을 때 사랑했던 여자를 30년 만에 다시 만나게 되었다

여자는 남편을 여의고 혼자 살고 있었고 남자를 자기 집에 초대했다.

기쁘고 설레는 맘으로 꽃과 와인을 사들고 여자 집으로 간 남자는 초인종을 눌렀다. 그러자 여자가 아무것도 입지 않은 나체로 문을 열어 주었다.

남자는 깜짝 놀라 물었. "아니 이게 뭐하는 짓이요?"

그러자 여자는 웃으며 말했다.

"당신을 위해서 내가 태어날 때 입었던 옷을 입어 봤어요?"

그러자 남자가 하는 말

"아~~ 그랬군, 근데 옷 좀 다려 입지 그랬소?"

ㅎㅎㅎㅎㅎ~~~~~

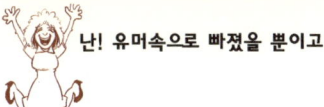 난! 유머속으로 빠졌을 뿐이고

처음

한 아가씨가 진찰을 받으러 병원에 왔다.
잘생긴 의사가 환자에게 말했다.
"먼저 옷을 벗으세요."
그러자 환자의 얼굴이 붉게 달아올랐다.
그런 환자를 보고 의사가 부드러운 목소리로 물었다.
"전에 한 번도 검사를 받아 본적 없나 보죠?"
"아뇨 있었어요."
그녀는 속삭였다.
"하지만 의사는 이번이 처음이에요."

순찰차와 바람난 부인

얼굴에 심술이 가득 찬 남자가 고속도로에서 차를 난폭하게 몰고 있었다.

남자가 과속으로 질주하고 있을 때 아니나 다를까 경찰차가 사이렌을 울리며 따라오는 것이었다.

순찰차를 따돌릴 수 있으리라 생각한 사나이는 시속 140킬로로 밟아도 계속 따라오자 결국 차를 멈추고 말았다. 경찰관이 다가와서 물었다.

"당신, 정지 신호를 무시하고 도망 간 이유가 뭐요?"

그러자 사나이가 긴 한숨을 쉬며 말하기를,

"제 마누라가 경찰하고 눈이 맞아서 도망을 갔습니다."

"그게 당신이 검문에 불응하고 도망 친 것과 무슨 관계가 있소?"

그러자 사나이가 대답하기를…

"죄송합니다. 전 그 경찰관이 제 마누라를 돌려주려고 따라오는 줄 알았습니다."

마케팅 수단

노부부가 가스보일러를 사러 갔다.

노부부는 보일러를 둘러보며 직원과 상담을 했다

이 보일러는 난방도 잘되고 따듯한 물도 잘 나노는 신제품입니다.

부인은 탐탁지 않다는 듯 물렀다.

또 다른 기능은요?

요리할 때 편하고 방도 뜨끈뜨근해서 남편이 좋아하실 겁니다.

그러자 아내가 남편 몰래 직원에게 이렇게 투덜거렸다.

아~휴! 이젠 남편 얼굴만 봐도 지겹다구요.

그러자 이 말을 들은 직원은 씽긋 웃으며 말했다

이 스위치를 작동하면 가스가 조금씩 새기도 한 답니다.

가정부의 삼각관계

부잣집의 젊고 아리따운 가정부가 갑자기 해고를 당하자 화가 난 나머지 주인아줌마에게 소리를 지르며 삿대질을 해댔다.

"흥, 내가 아줌마보다 요리 솜씨도 좋고 예쁘니까 질투나 날 해고 한 것이지?"

아예 반말까지 해대는 가정부에게 잠시 할 말을 잃었던 주인아줌마는 질세라 같이 삿대질을 해대기 시작했다.

"야! 누가 그런 소리를 해?"

"누구긴 누구야, 주인아저씨지. 또 있어. 밤일도 나보다 못한다며?"

이 말까지 들은 아줌마는 자존심이 너무 상해 물었다.

"뭐야? 주인아저씨가 그런 소리까지 해?"

그러자 가정부는 가방을 챙겨들고 나가면서 이렇게 쏘아 붙였다.

"아니, 정원사 아저씨가!"

애무나 잘하셔!...

어느 사투리가 심한 지방의원후보가 시골 선거구에서 공약을 하고 있었다.

"이곳을 강간단지로 개발하겠습니다. 그러기 위해서는 우선, 구석구석에 도로를 간통하겠습니다. 여러븐!" 이에 다른 후보가 나섰다.

그는 전직 외무부장관이었다.

"친애하는 유권자 여러분. 강간이 뭡니까? 관광이지..또 간통은 뭡니까 관통이지.." 듣고 있던 사투리 후보가 화를 냈다.

"이보시오. 전 애무부장관! 당신은 애무나 잘하지 선거엔 왜 나왔소?" ㅎㅎㅎ~

난 유머속으로 빠졌을 뿐이고

동서

시어머니와 며느리는 쌍과부였다.

어느 날 길을 가다가 시냇물을 건너려는데 밤새 내린 물이 불어서 못 건너고 망설이는데 청년 하나가 나타나서 말했다.

"내가 저쪽까지 건너 줄 터이니 등에 엎히시오."

두 과부는 고맙게 생각하고 며느리가 먼저 엎혀 건넜다.

청년은 며느리를 강 건너에 내려놓고는 그만 못된짓을 하였다.

시어머니는 저쪽에서 큰 소리로 외쳤다.

"아가. 몸을 비틀어라. 반항해라!"

며느리는 처음엔 반항하느라 몸을 비틀었으나 오랜만에 맛보는 것이라 그만 청년과 맞장구치듯 움직였다. 꿀맛이었다.

청년은 다시 내를 건너와서 시어머니에게도 그 짓을 해버렸다.

"어머님, 몸을 비트세요. 반항하세요!'

며느리 소리가 났으나 시어머니도 할 수 없이 청년에게

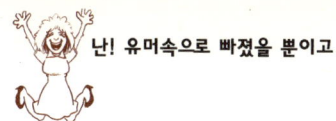

동조되어 버렸다. 일을 다 끝낸 청년은 시어머니를 건너 주고 훌쩍 가버렸다.

두 과부는 말없이 길을 가면서 걱정이 되어 시어머니가 말했다.

"아가야. 오늘 일은 없었던 걸로 하자."

며느리는 베시시 웃으면서 말했다.

"동서나 입조심 하게. ㅎㅎㅎ 내가 먼저 일치렀으니까 내가 형님일세!!!

셈~요

학상; 셈~요, 질문 이씀니더

선상; 머~~꼬?

학상; 여자들은 와? 생리할때 섹스를 안할라 캄니꺼?

선상; 셈은 이래 생각한데~이 니는 코피 날때 코구멍 후비면 좋나~?

학상; 아임니더~

선상; 바~로 그기다

학상; 셈~요 또 질문 이씀니더~

선상; 머~~꼬

학상; 굵고 짧은게 조씀니꺼~? 아님 가늘고 깅기 조씀니꺼~?

선상; 내는 이케 생각한데~이 니는 코 후빌때 엄지 손가락으로 후비능게 조타나!?
새끼 손가락으로 후비능게 조타나~?

학상; 새끼 손가락으로 후비능게 조테예~

선상; 바~로 그기다

학상; 셈~요 질문이 하나 더 이씀니더~

선상; 머~~꼬

학상; 남자들은 와 콘돔 잘~안 낄라고 함니꺼?

선상; 야 이 넘아야~ 니 코 후빌때 고무장갑 끼고 후비능게 조터냐?

갸~ 후비능게 조터냐~?

학상; 갸 후비능게여~

선상; 바~로 그기다

학상; 셈~요 또 질문 한개 할께예~

선상; 머~~꼬

학상; 날개형 위스퍼가 조씀니꺼? 삽입형 위스퍼가 조씀니꺼~?

선상; 셈은 이래 생각 한데~이 니는 코피날때 반창고 부치는겡 조타나? 솜으로 맥는기 조타나?

학상; 솜으로 맥는기 조테예~

선상; 바~로 그기다

도끼 자국??

꼬마 : 이모 뭐해?
이모 : 응, 목욕하고 있지.
꼬마 : 이모 그런데 거 밑에 있는거 뭐야?
　　　꼬마의 갑작스런 물음에 대답하지 못하고 어물어
　　　물 거렸다.
뭔가 생각해낸 이모는.. "어, 이거 도끼 자국이란다"라고
대답했다.
그러자 꼬마는 욕실 문을 꽝 닫고 나오더니 하는 말..

"와〜〜우! 정통으로 찍혔네!" ㅋㅋㅋㅋ

난! 유머속으로 빠졌을 뿐이고

아이는 얼마든지~~~

옛날 옛적에 여왕이 미인으로 소문난 작은 왕국이 있었는데 이웃 왕국의 야심 때문에 괴롭힘을 당하고 있었다.

어느 날 적의 사주를 받은 일단의 근위병이 반란을 일으켰다.

그들은 왕을 죽이고는 왕자 둘을 납치해서 적진으로 도망갔다.

이윽고 성은 포위되었고 중요한 인질 둘을 잡았으니 여왕은 항복할 것으로 적은 확신하고 있었다.

그런데 생각과는 달리 여왕은 성각 탑에 나타나더니 옷을 홀랑 벗어 그 요염한 몸매를 과시하는 것이 아닌가.

그리고는 절세의 미모 앞에 넋을 잃은 적을 향해 소리쳤다.

"이런 멍청한 것들아. 내가 아이들 때문에 항복할 줄 알았어! 사내들이 침을 흘리는 이 몸은 아이는 얼마든지 만들어낼 수 있단 말이야!"

명단

지칠 줄 모르는 기업인이 몸이 어찌나 안 좋은지 의사를 찾았다.

그를 진찰한 의사는 환자로부터 물러서면서 말했다.

"안됐습니다만 대단히 전염성이 강한 광견병이 상당히 진행된 상태입니다.

병에 걸린 지 한참 되는 것 같군요. 목숨을 잃게 될 게 거의 확실합니다."

"연필하고 종이를 줘요"라고 환자는 말했다.

"유언장을 쓰시게요?" 의사가 물었다.

그러나 환자 왈.

"아닙니다. 내가 물어야 할 사람들의 명단을 만들어야겠어요."

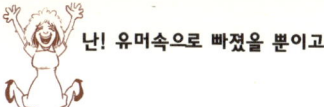

파혼의 이유

수년을 사귀어 오던 연인이 있었다.

하루는 이 남자가 심각한 표정으로 여자에게 결혼할 다른 여자가 생겼다며 자기와의 결혼을 취소하자고 했다.

남자의 말에 충격을 받은 여자가 눈물을 흘리며 물었다.

"자기야! 그 여자가 나보다 요리를 더 잘해?"

"아니 절대로 그렇지 않아!"

"그럼 돈 많아?"

"아니. 가진 것이 하나도 없어!"

"그럼 나보다 그거 더 잘해?"

"아니 그 일에 당신만큼 완벽한 여자는 없는 걸?"

"그럼 그 여자가 왜 좋은 건데!"

그러자 남자는 떨떠름한 표정을 지으며 대답했다.

"아이를 부양하지 않으면 고발하겠대…"

웬~수

할머니와 할아버지가 퀴즈 프로그램에 출연했다.
'천생연분'이라는 단어를 빨리 설명하고 맞히는 게임이었다.
할아버지가 문제를 설명했다.
"우리 같이 사이가 좋은 걸 뭐라고 하지?"
할머니 : 웬~수
할아버지 : 아니 두 글자 말고~ 네 글자 단어!
그러자 할머니가 소리쳤다.

"평생 웬~수!"

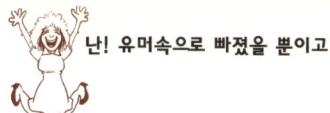 난! 유머속으로 빠졌을 뿐이고

섹시한 모델

화가가 모델에게 물었다.

"아가씨는 남자 앞에서 벌거숭이로 스케치가 끝날 때까지 서 있는 동안 수치심 같은 것을 느껴 본 적이 없나?"

그러자 모델은 섹시한 미소를 지으며 말했다.

"그렇지 않아요. 단지 제가 먼저 옷을 벗는다는 것뿐이죠. 옷을 입고 스케치를 끝마친 화가는 아직 한 분도 없었어요."

웃기는 남자들

두 명의 남자가 공원 벤치에 앉아 대화를 나누고 있었고 그들 앞에는 자전거가 한 대 서 있었다.

남자1 : 와~ 자전거 정말 멋있네. 얼마주고 샀어?

남자2 : 이거? 공짜로 얻었지.

남자1 : 뭐? 공짜? 어떻게?

남자2 : 어제 어떤 아름다운 여자가 자전거를 타고 내게 오더니 갑자기 옷을 훌렁 벗고서는 원하는 것 한 가지를 주겠다는 거야.

그래서 자전거를 달라고 했지.

남자1 : 그래~ 정말 잘했어.

그 옷은 너한테 맞지 않았을 거야.

검둥개의 소원

검둥개 백 마리가 길을 가다가 요술램프를 발견했다.
요술램프에서 지니가 나타나더니 말했다.
"너희들 소원을 한 가지씩 들어주겠다.
차례대로 말해 보거라!"
첫 번째 개가 말했다.
"하얀 개가 되고 싶어요."
두 번째 개가 말했다.
"저도 우유처럼 하얀 개가 되고 싶어요."
이렇게 99마리 검둥개는 모두 하얀 개가 되었고 좋아서 난리였다.
이때, 백 번째 검둥개가 소원을 외쳤다.

"저 놈들 모두 검둥개로 만들어주세요!"

아버지의 유쾌한 답

데이트를 해본 적이 없는 한 청년이 있었다.

어떻게 해서든 여자 친구를 만들고 싶었지만 아무도 기회를 만들어주지 않았다.

그러던 어느 날 학교에서 가장 예쁜 여학생과 데이트할 기회를 갖게 되었다.

그러나 데이트 약속이 갑자기 생긴 것이어서 미리 데이트 자금을 마련할 수 없었다.

이리 저리 돈을 구하려고 했지만 마땅치가 않았다.

그래서 최근에 이혼한 아버지에게 긴급하게 다음과 같은 전보를 보냈다.

데이트할 여자 있음. 돈을 좀 보내주세요.

이에 아버지의 답장이 바로 도착했다.

'돈은 있음. 여자를 보내라.'

금연구역

한 남자가 바에서 담배를 피우려고 했다.
금연구역인지 확인하려고 웨이터에게 물었다.
"저 여기서 담배를 피울 수 있나요?"
그러자 웨이터가 말했다.
"피우실수 없습니다. 손님."
그러나 주변에 담배꽁초가 널려 있는 것을 보고 황당해서 다시 물었다.
"그럼 여기 있는 담배꽁초는 모두 어디에서 나온 거죠?"
그러자 웨이터가 말했다.
"그건 물어보지 않은 손님들에게서 나온 겁니다."

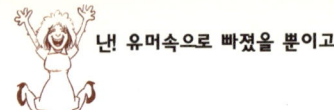 난, 유머속으로 빠졌을 뿐이고

타협

맹구는 지금 어려운 처지에 있다.
사업이 망하기 시작했고 심각한 재정난에 빠져있었다.
절박한 심정에 도와달라고 기도하기로 마음먹었다.
"하느님. 도와주세요.
사업도 망치고. 지금 돈을 구하지 못하면 집도 날아가게 생겼습니다.
그러니 제발 로또에 당첨되게 해주세요."
로또 추첨일이 돌아오고 다른 사람이 당첨되었다.
맹구는 다시 기도를 했다.
"하느님. 제가 자주 도움을 청하는 것도 아닌데 제발 이번에는 바라옵건대 로또에 당첨시켜주셔서 제 삶을 다시 추스르도록 도와주세요."
갑자기 하늘이 갈라지면서 눈부신 섬광이 번쩍거렸다.
그리고는 하느님이 나타나 맹구에게 직접 이렇게 말씀하셨다.

"맹구야. 우리 타협하자꾸나. 로또는 네가 사거라."

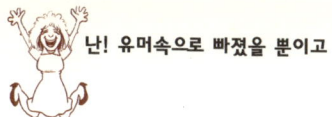

부자의 아들

 3명의 학생들이 자신들의 아버지가 얼마나 부자인지 자랑하고 있었다.

 한 아이가 "우리 아빠는 돈이 무지하게 많아서 나를 최고로 좋은 학교에 보내줄 거야"라고 말했다.

 그러자 두 번째 아이가 "우리 아빠는 아주 부자여서 나를 스위스의 가장 호화로운 기숙학교에 보내줄 건데"라고 말했다.

 그러자 세 번째 아이가 흐뭇한 미소를 지으며 말했다.

 "음. 아무래도 우리 아빠가 제일 부자인 것 같은데. 우리 아빠가 너무 돈이 많아서 나는 공부를 하지 않아도 돼."

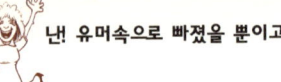 난! 유머속으로 빠졌을 뿐이고

부전자전

어느 날 20세를 갓 넘긴 아들이 부모님 앞으로 가더니 단호한 표정으로 말했다.

"아버지. 어머니. 이제 저는 제 인생을 찾아 떠나겠습니다."

순간적으로 당황한 아버지가 마음을 진정시킨 뒤 물었다.

"너의 그 '인생'이라는 게 도대체 뭐냐?"

그러자 아들이 대답했다.

"전 인생을 즐겁게 살고 싶다고요. 돈도 많이 벌고 싶고. 발길 닿는 대로 여행도 떠나고 싶고. 때때로 멋진 여자들도 만나고 싶어요. 절 막지 마세요."

그러고는 현관 문 쪽으로 가려고 하자 아버지가 다급하게 아들에게 다가갔다.

"왜 그러세요? 절 막지 마시라고 했잖아요!"

아들의 말에 아버지는 아랑곳하지 않고 신발을 신으며 말했다.

"누가 널 막는다고 그러냐? 어서 앞장서라. 같이 떠나자."

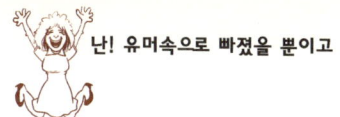 난! 유머속으로 빠졌을 뿐이고

왼쪽 젖꼭지 아래 2cm

팔순의 한 할머니가 이제 세상을 떠날 때가 되었다고 생각하고, 평생 한 번도 못 해본 일을 해봐야겠다고 생각했다.

어떤 일을 할 것인가를 한참 고민한 끝에 할머니는 권총으로 자신의 심장을 쏴 자살을 하기로 결심했다.

하지만 할머니는 자신의 심장이 어디 있는지 몰랐다.

그래서 병원에 전화를 걸어 의사에게 물었다.

의사는 할머니에게 자세히 설명을 해주었다.

"일반적으로 자신의 왼쪽 가슴 젖꼭지에서 2cm아래에 심장이 있지요."

그런데 할머니가 그날 오후에 옆집 아줌마의 신고로 병원으로 실려 왔다.

아줌마가 총성을 듣고 할머니의 집에 달려가 보니 할머니는 자신의 무릎에 총을 쏘고는 쓰러져 있었다고 했다.

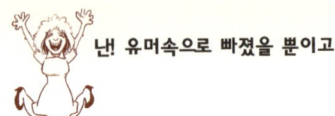

천원?

선생님이 초등학생 아이에게 물었다.

"네가 1000원을 갖고 있는데 아빠에게 1000원을 더 달라고 하면 너는 얼마를 가지게 되니?"

그러자 아이는 "1000원 이요!"라고 했다.

선생님은 걱정스러운 표정으로 "너는 산수를 잘 모르는구나!"라고 하자 아이는 한숨을 쉬며 말했다.

"에~휴~ 선생님은 저의 아버지를 잘 모르시는군요!"

꼬마의 재치

수박밭에 온 꼬마가 마음에 드는 큰 수박을 가리키며 가격을 물었다.
수박밭 주인은 인심 쓰듯이 대답했다.
"8000원만 내렴"
꼬마가 주머니를 뒤져 보고서는 난처한 표정을 지으며 말했다.
"제가 가진 돈은 전부 5000원 뿐이에요."
그러자 주인은 밭에 있는 중간 크기의 수박을 가리키면서 꼬마에게 권했다.
"저건 어때?"
"좋아요. 저걸로 하겠어요. 하지만 따지 말고 그대로 두세요. 1주일 후에 다시 올 거예요!"

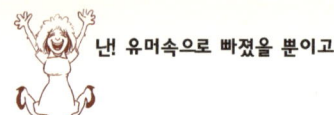 난 유머속으로 빠졌을 뿐이고

영수증

딸과 결혼하겠다는 사윗감을 테스트하기 위해 장인 될 어른이 물었다.

"만약 내가 우리 딸을 준다면 그 대가로 자네는 나에게 무엇을 주겠나?"

그러자 사위가 말했다.

"영수증을 써 드리겠습니다."

"여보, 헌금이 다 걷히기 전에는
누구한테도 '믿음이 없는 사람'이라고 해선 안돼요."

죽을 상황

한 탐험가가 아마존 정글 깊은 곳에서 자신이 피에 굶주린 식인종들에게 포위된 것을 알았다.

상황을 파악하자마자 탐험가는 속으로 작게 기도했다.

"하나님. 꼼짝없이 죽게 생겼어요."

그러자 하늘에 먹구름이 덮이며 우렁찬 목소리가 울렸다.

"아니다. 꼼짝없이 죽을 상황은 아니다. 발밑의 돌을 들어 네 앞에 서있는 추장의 머리를 내려쳐 보아라."

탐험가는 돌을 들어 추장의 머리를 세게 내려쳐 죽였다.

숨이 끊어진 추장의 시체 앞에 서서 씩씩거리며 탐험가는 분노한 100명의 식인종들을 쳐다보았다.

이때 하늘에서 다시 음성이 들려왔다.

"됐다. 바로 지금이 꼼짝없이 죽을 상황이란다."

게으른 농부

게으르기로 소문난 농부가 있었다.

그 날도 역시 모두 밭으로 일하러 가고 그 농부만이 집에 남아 낮잠을 자고 있었다.

그런데 잠결에 이상한 소리가 들렸다. 게슴츠레 눈을 뜨고 주위를 살피니 어느 간 큰 도둑이 대낮에 담을 넘고 있는 것이 보였다.

하지만 도둑의 출현에도 불구하고 농부는 마음속으로만 "어. 도둑이네… 저놈 담장을 넘어 마당에 들어오기만 해봐라"라고 중얼거리며 다시 잠이 들었다. 이내. 다시 '쿵' 소리가 들렸다.

농부가 힘겹게 눈을 떠보니 도둑이 담에서 뛰어내려 마당을 살금살금 걸어오고 있었다. 그러나 이번에도 농부는 무겁게 내려오는 눈꺼풀을 이기지 못하고 속으로만 중얼거릴 뿐이었다.

"집안에 들어오기만 해봐라…"

농부가 깊이 잠든 줄로 안 도둑은 살금살금 집안으로 들어와 농부의 옆을 지나

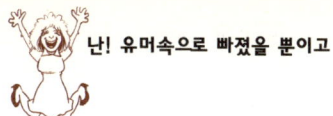 난! 유머속으로 빠졌을 뿐이고

안방으로 들어갔다. 하지만 여전히 농부는 잠에 취한 채 중얼거렸다.

"저 놈이 안방으로 들어가네…. 뭐든 가지고 나오기만 해봐라!"

얼마 후. 도둑은 값이 나갈 만한 물건들을 한 보따리 짊어지고 나왔다.

그리고 대문 쪽으로 걸어갔다. 이 게으른 집주인은 대문을 열고 나가는 도둑의 뒷모습을 보면서 여전히 잠에서 깨어나지 못한 채 잠꼬대처럼 이렇게 중얼거렸다.

"이놈. 다시 오기만 해봐라!"

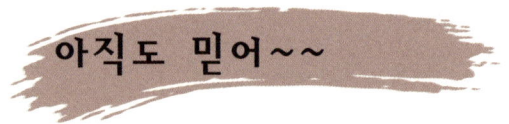 난! 유머속으로 빠졌을 뿐이고

아직도 믿어~~

어느 날 나무꾼이 산길을 가고 있는데 계곡에서 어떤 여자가 목욕을 하는 것이 보였다.

혹시 선녀일지도 모른다는 기대에 다가가서 보니 할머니였다.

실망하고 돌아서는 나무꾼에게 그 할머니가 말했다.

"내 말 좀 들어봐요!"

나무꾼은 시큰둥한 표정으로 "뭔데요?"라고 했다.

"난 사실 선녀인데 옥황상제의 노여움을 받고 이렇게 되었지요. 하지만 당신과 잠을 잔다면 난 다시 선녀로 변하게 될거예요. 저 좀 도와주세요. 평생 당신만을 섬기며 살겠어요."

이 말을 들은 나무꾼은 "아~! 이게 웬 떡이냐?"라고 생각하고 있는 힘을 다해 할머니와 잠을 잤다.

그러나 시간이 흘러도 얘기와는 달리 아무런 변화가 없었다.

그러자 나무꾼은 힘들어 하며 말했다.

"아니. 왜! 아직도 안 변해요?"

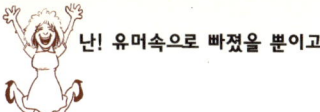

"총각은 몇 살인가…?"

"27살인데요."

그러자 할머니가 비웃으며 말했다.

"그 나이에 아직도 선녀가 있다는 걸 믿어?"

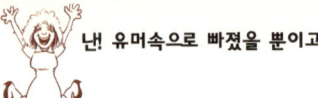

엽기스님

 지하철에 점잖은 스님이 승복을 입고 탔습니다. 나이는 한 30대 중반 정도?

 모두의 시선을 한 몸에 받았지요.

 근데 스님 갑자기 터프하게 핸드폰을 빼들더니 목을 가다듬더군요.

 뭘 하시려나 하고 쳐다봤죠.

 핸드폰에 대고 조용히 또박또박 "쫄따구 나와!" 하더군요.

 잠시 후

 "응~~ 잉구냐? 나다!" 주위에 있던 사람들 숨죽이며 웃었답니다.

 그런데 여기서 스님은 그치지 않으시더라고요.

 다시 "주방장 나와!"라고 외쳤습니다. 띠리리리~~ "어머님? 저예요."

 저랑 주위에 있던 사람들 이제 소리 내어 크게 웃습니다.

 스님 전화를 끊고 조용히 주위를 둘러보시더군요.

 한 군데 더 전화할 곳이 남아있던 모양이었습니다.

 그리고는 분노에 찬 목소리로

"10쉑!"

띠리리리~~~

"여보세요? 주지스님?"

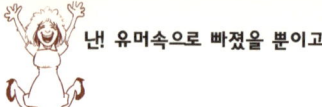 난! 유머속으로 빠졌을 뿐이고

형님 앵무새

앵무새를 구경하는 손님에게 주인은 좋은 앵무새 세 마리를 보여주며 말했다.

"여기. 이놈은 50만원입니다." "생각보다 비싸네요."

"컴퓨터를 다룰 줄 아는 앵무새입니다." "그럼. 다른 앵무새는요?"

"저기 저 녀석은 100만원입니다." "그건 왜 더 비싸죠?"

"저 녀석은 컴퓨터를 다루고 수리도 해요."

"그럼. 저 끝에 있는 앵무새는 얼마인가요?"

"그 녀석은 200만원입니다."

"와! 실력이 엄청나겠군요."

"글쎄요 솔직히 저도 저 녀석이 뭘 하는지 몰라요."

"그런데 왜 비싸죠?"

"다른 녀석들이 쟤보고 형님이라 불러서요."

신혼부부

단칸 월세 방에 사는 신혼부부는 밤일(?)을 세 번을 해야만 잠을 잤다.

옆집노총각은 처음엔 그 소리가 좋았지만 나중에는 잠을 못 자 짜증을 냈다.

어느 날. 신부가 말했다.

"자기야~ 오늘부터는 2번만 하자! 옆집 노총각도 생각해 줘야지."

이렇게 합의를 본 부부가 두 번을 끝내고 막 잠을 자려는 순간 옆집 총각이 소리쳤다.

"저기요! 3회전을 해야 잠을 잘 거 아닙니까! 시간 끌지 말고 빨리 끝내요. 잠 좀 자게!"

초보와 프로

 한 산부인과에서 아버지가 될 남자 둘이 이야기를 나눴다.
 "저는 이번이 첫 아이입니다."
 그러자 나이가 좀 들어 보이는 남자가 말했다.
 "저는 세 번째가 돼요."
 젊은 남자는 쑥스러워 하며 말했다.
 "그러시다면 참 잘 아시겠네요. 마누라가 아이를 낳고 나서 얼마 만에 우리 두 사람이…저어…그거 할 수 있을까요?"
 그러자 고참 아버지가 말했다.
 "그야 독방에 입원했느냐 아니면 여럿이 있는 방에 입원했느냐에 달렸죠!"

앗! 들켰다

바람이 산들 부는 여름날 밤.

어떤 남자가 애인을 데리고 공원으로 갔다.

그들은 잔디밭에 나란히 누워 하늘을 보았다.

그러다 남자가 슬며시 손을 뻗어 여자의 어깨를 감싸면서 속삭였다.

"자기야. 참 좋다 그치? 하늘엔 별이 반짝이고. 옆에선 귀뚜라미 소리가 들리고…"

그러자 여자가 남자의 손을 확 뿌리치면서 말했다.

"귀뚜라미는 무슨 귀뚜라미 소리야? 자기 바지 지퍼 내리는 소리잖아!!!"

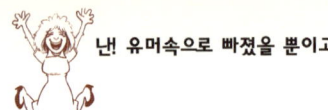 난! 유머속으로 빠졌을 뿐이고

양보

저녁식사를 하던 초등학생 아들이 엄마에게 말했다.

아들 : 엄마. 오늘 아침에 아빠랑 함께 버스를 탔어요. 그런데 아빠가 어떤 젊은 아줌마를 보더니 나더러 자리를 양보하라고 하시더라고요.

엄마 : 옳지 우리 착한 아들. 참 좋은 일을 했구나.

아들 : 그런데 엄마. 난 아빠 무릎 위에 앉아 있었는걸요.

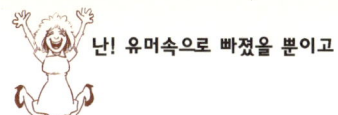

비밀번호

어떤 남자가 컴퓨터를 설치하는 것을 여성 컴퓨터 전문가가 도와주고 있었다.

여자는 암호가 뭐냐고 묻자 남자가 대답했다.

"penis"

여자는 암호를 입력했지만. 메시지가 떴다.

'암호가 틀렸습니다. 길이가 짧습니다.'

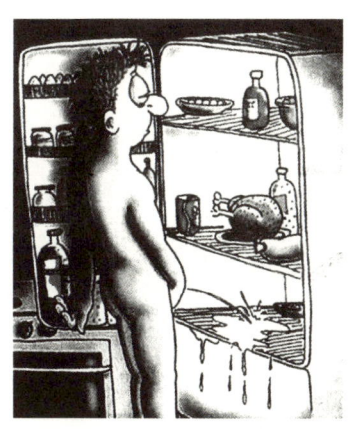

앗, 저것은 그 언젠가의 내 모습!

닮은 여자

한 남자가 술에 만취한 채 어느 바에 들어왔다.

홀로 앉아 있는 여자를 한 동안 음흉하게 쳐다보다가 그녀에게 다가갔다.

그는 난데없이 그 여자의 스커트에 손을 올려놓더니만 더듬기 시작했다.

깜짝 놀란 여자가 일어서서 남자의 뺨을 후려갈겼다.

남자가 정신을 차리더니 즉각 사과했다.

"미안합니다. 내 마누라로 착각했어요. 어쩜 이렇게도 닮을 수가…"

여자가 말했다.

"술 처먹고 쓸데없는 짓만 하는 이 염병할 놈아!"

"거참 신기하네. 어쩜 우리 마누라가 하는 소리와 이렇게도 같을 수가 있나."

이율배반

이웃에 사는 아주머니 두 분이 자식들 이야기를 하고 있었다.

아줌마1 : 댁의 따님은 시집을 잘 갔다면서요?

아줌마2 : 그럼요. 아주 좋은 신랑감을 만났어요. 늦게까지 잠을 자게하고. 부엌일은 아예 하지도 못하게 하면서 글쎄 매일 외식을 한 대요.   호호호!

아줌마1 : 그것 참 복이네요. 그런데 아드님은 장가를 잘 못 갔다면서요?

아줌마2 : 속상해 죽겠어요. 며느리가 게을러빠져 가지고 매일 늦잠을 자질 않나. 저녁때만 되면 남편을 졸라 외식을 하려 들지 뭐예요!

새신랑과 새 차

1. 타기 전. 항상 깨끗이 청소해라.
2. 약간의 음주도 위험하지만 폭음은 절대 삼가.
3. 시동을 걸고 중립에서 10분은 핸들조작을 하라.
4. 처음부터 전속력으로 질주하면 지치므로 과속은 금물.
5. 10Km/h 이하의 저속으로 운행하라.
6. 20분 서행한 뒤 서서히 속도를 올려라.
7. 전속력 질주시. 잡음은 무시하고 달려라.
8. 목적지에 도착하면 3번의 행동을 반복하라.
9. 3번의 행동이 끝나면 연료를 주입하라.
10. 차고에 넣을 때도 청결히 해라.

난! 유머속으로 빠졌을 뿐이고

단기사병을 영어로

어떤 단기사병이 영국대사관에서 주최하는 연회에 참석하게 되었다.

그런데 대사가 일일이 한 사람씩 악수를 하면서 인사를 하고 있었다.

참석자들은 차례가 오면 자신의 이름과 직업을 영어로 소개했다.

"아임 어 덴티스트(치과의사)."

"아임 어 프로그래머."

단기 사병은 초조해 지기 시작했다.

단기 사병 혹은 방위병을 영어로 뭐라고 하는지 몰랐기 때문이다.

UDT(우리동네 특공대)라고 할까?

아니면… KGB(코리아 지역 방위)라고 할까….

드디어 단기사병 앞에 대사가 섰다.

당황한 단기사병은 갑자기 떠오르는 단어로 자신을 소개했다.

"아임 어 아르바이트 솔저!"

하나님의 벌

일요일 아침.
목사님이 병을 핑계대고 교회 대신 골프장에 갔다.
이를 본 천사가 하나님한테 일렀다.
목사가 티샷을 하자 제대로 맞은 공이 350m나 날아가
그린 위에 떨어진 뒤 홀 안으로 굴러 들어갔다.
홀인원이었던 것이다.
그 모습을 본 천사가 따졌다.
"하나님. 벌을 주셔야죠."
하나님 왈.
"저걸 자랑할 수 없는 마음을 생각해봐라!"

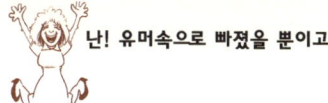 난! 유머속으로 빠졌을 뿐이고

결혼의 힘

갓 결혼한 남자가 친구들을 만났다.

"결혼이라는 것으로 나의 인생관이 이렇게 달라질진 몰랐어…."

"대체 뭣 땜에 그러는데…."

"응. 결혼 전에 이 세상 모든 여자들이 다 좋았어. 근데. 지금은…."

"지금은 뭐?"

"지금은 한 명 줄었어."

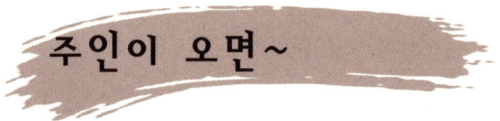 난! 유머속으로 빠졌을 뿐이고

주인이 오면~

할머니 한 분이 독립기념관에 나들이를 갔다.
한참을 돌아다니느라 피곤하신 할머니가
의자에 앉아 쉬는데 경비원이 다가와서 말했다.
"할머니! 이 의자는 김구 선생님이 앉던 자리입니다.
앉으시면 안돼요."
그래도 할머니가 태연히 앉아 있자 경비원은 다시 한 번 말했다.
"김구 선생의 의자이니 비켜주세요."
경비원의 말을 가만히 듣던 할머니가 화를 벌컥 내며 한마디 했다.
"아. 이 양반아! 주인 오면 비켜주면 될 거 아이가!"

고스톱과 사랑의 상관관계

킹카가 퀸카를 만났을 때: 똥광으로 똥 쌍피를 먹는 격!

그저 그런 남자가 그저 그런 여자를 만났을 때: 비 멍텅구리로 비띠를 먹은 격!

세 사람이 동시에 한 사람을 따라 다닐 때: 흔들었음!

상대방이 먼저 접근하기를 기다릴 때: 퉁!

마땅한 사람이 없어 대충 골라 사귀었더니 성질이 드러운 경우: 이런… 쌌다!

한번 떠난 사람은 다시 돌아오지 않는다.: 낙장불입!

거의 내 사람이 된 이성을 다른 사람에게 뺏기고 축의금 내는 경우: 내가 싼거 다른 놈이 먹은 격!

두 사람 사이에서 저울질하다 비전있는 사람 품으로 가는 경우: 쑈 당!

아무 테크닉 모르는 어설픈 사랑: 민화투!

플라토닉한 사랑: 화투장으로 책 갈피하는 사람!

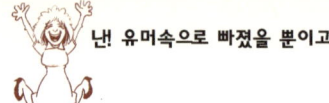 난! 유머속으로 빠졌을 뿐이고

철수요~~

선생님이 지구본을 들고 학생들에게 물었다.
"누가 나와서 아메리카 대륙을 찾아보렴."
철수가 가장 먼저 손을 들고 나왔다.
"여기요!"
선생님은 기뻐하며 말했다.
"잘했어요. 철수야 자리로 가거라."
그리고는 다시 학생들에게 물었다.
"자~ 그럼 여러분. 아메리카 대륙을 발견한 사람은 누구죠?"
그러자 학생들이 다 같이 대답했다.

"철수요!"

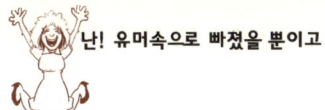 난! 유머속으로 빠졌을 뿐이고

옆집

한 부부가 새 아파트로 이사를 왔다.

바로 옆집에는 키 크고 예쁜 모델이 살고 있었고 남편은 거의 매일 무언가를 빌리러 간다며 옆집을 들락거렸다.

남편이 옆집에 머무르는 시간이 점점 길어지자 부인은 슬슬 화가 나기 시작했다.

하루는 옆집에 간 지 30분이 다 돼도 남편이 오질 않자 화가 난 부인은 옆집으로 가서 문을 막 두드렸다.

그러자 잠옷 차림의 옆집 여자가 땀이 맺힌 얼굴로 나와서 문을 열었다.

부인은 화가 머리끝까지 나서 소리쳤다.

"우리 남편이 도대체 왜 이렇게 오래 있는 거예요?!"

그러자 옆집 여자가 대답했다.

"아줌마. 자꾸 그렇게 방해하면 더 늦어지기만 해요!"

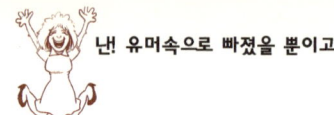 난! 유머속으로 빠졌을 뿐이고

곤드레만드레

하루도 빠짐없이 술을 먹어야 하는 술고래가 그날도 술집에서 신나게 퍼마시고는 곤드레만드레가 되었다.

한참 시간이 지나고 번쩍 정신을 차려보니 침대 위였다.

거기다가 바로 옆에서 옷을 벗은 웬 여자의 뒷모습이 보였다.

남자는 생각했다.

'전혀 생각이 나질 않네… 내가 취해서 길거리 여자에게 말을 걸었나? 그래도 그렇지…'

이렇게 생각하며 침대에서 몸을 일으키고는 말했다. "이봐 언니. 얼마야?" 그러자 여자는 황당해하며 말했다.

"으이그 못살아. 이제는 지 마누라도 몰라봐!"

당황한 남자

파티에 참석한 한 남자가 옆에 서 있는 남자에게 물었다.
"저쪽 코너에 정말 못생긴 여자가 누군지 아세요?"
남자가 대답했다.
" 왜요? 제 아내인데요."
당황한 이 남자 ,
"아뇨. 그 여자 말고요. 그 여자 옆에 있는 사람요."
그러자 남자가 대답했다.
"그 여자는 제 딸인데요."

정치가의 냄새

식료품 가게 주인과 은행가 그리고 정치가 세 사람이 시골을 여행하다 숲에서 길을 잃었다.

얼마 후 세 사람은 한 농가를 발견하고는 하룻밤만 재워 달라고 부탁했다.

"좋습니다! 하지만 우리 집엔 두 분이 주무실 방밖에 없어요. 그러니 한 분은 마구간에서 가축들과 같이 주무셔야 되겠는데요."

"내가 마구간에서 자죠." 은행가가 자원하고 나섰다.

그런데 30분쯤 지났을 때 노크 소리가 나 문을 열어보니 은행가가 숨을 헐떡이며 말했다.

"난 도저히 그 냄새를 못 맡겠어요."

"좋아요 그럼 내가 거기서 자죠."

이번에는 식료품 가게 주인이 나갔다.

그런데 얼마 지나지 않아 돌아왔다.

"난 식품이 썩는 냄새를 맡으며 살아왔지만 저놈의 마구간 냄새는 정말 못 참겠어요."

그러자 정치가가 나섰다.

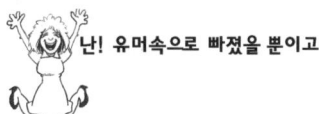

"이런 양반들 보게나. 내가 마구간에서자리다."

30분 후에 문밖에서 요란한 소리가 났다.

두 사람이 나가보니 마구간에 있던 짐승들이 죄다 나와 문 앞에서 헛구역질을 하고 있었다.

분배하는 법

목사와 자선사업가와 정치가가 한자리에 모여 복권에 당첨되면 그 돈을 어떻게 할 것인가에 대해 의견을 나누었다.

목사가 말했다.

"땅위에 직선을 긋고 돈 뭉치를 공중으로 던져 한쪽에 떨어지는 것은 선교활동을 지원하고, 다른 한쪽에 떨어지는 것은 교회를 짓는데 쓰겠습니다."

그러자 자선사업가가 말했다.

"땅위에 직선 대신 동그라미를 그리고 돈뭉치를 던져 그 안에 떨어지는 것은 불우한 이웃을 돕는데 쓰고 나머지는 내 몫으로 하겠습니다."

이번엔 정치가에게 물었다.

"두 분의 방법과 별반 다를 게 없습니다. 나는 공중의 어느 높이만큼을 설정하고 돈 뭉치를 위로 던져서 그 위에 머물러 있는 것은 국가의 몫으로, 떨어진 것은~~~내 몫으로 하겠습니다."

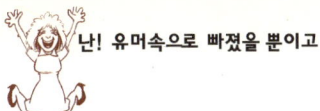 난! 유머속으로 빠졌을 뿐이고

행복한 고민

회사 옥상에서 철수와 동료들이 대화를 나누고 있었다.

"자네. 요즘 미스 리하고 미스 최에게 양다리를 걸치고 있다는 소문이 사실인가?"

"응. 사실이야. 하지만 요즘은 그것 때문에 고민이 많아."

"왜? 아하. 최종적으로 누굴 선택해야 할지 고민하고 있군."

"아니. 그게 아니라 나머지 다리 하나는 누구한테 걸칠까 하고 말이야."

심심한 동생

다섯 살 난 꼬마가 엄마를 따라 산부인과에 갔다.

대기실에 나란히 앉아 있는데 엄마가 갑자기 배를 움켜쥐면서 신음소리를 냈다.

꼬마가 호기심어린 눈으로 물었다.

"엄마 왜 그래? 어디 아파?" 엄마가 고개를 저으며."아니다. 뱃속에 있는 네 동생이 심심한가 보구나. 자꾸 발길질을 해대는 걸 보니."

그러자 꼬마가 하는 말. "그럼 장난감을 삼켜 봐. 심심한데 가지고 놀게."

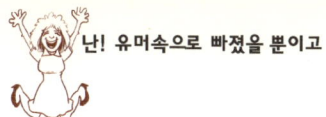

아들 있어요?

오랜만에 친구 집에 전화를 걸었더니 친구 어머니께서 받으셨다.

"여보세요?" 그런데 이게 웬일. 갑자기 친구의 이름이 생각이 안 나는 것이었다.

"저… 저기…"

그러다 친구 어머니께 이렇게 한마디 했다.

"아들 있어요?"

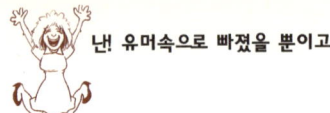 난! 유머속으로 빠졌을 뿐이고

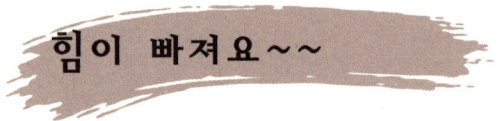

신혼 초부터 사랑을 하려고 하면 아내는 늘 불을 끄라고 했다.

그로부터 10년이 지난 어느 날 부부는 사랑을 나누려 했다.

아내: 자기야 불 켜지 말아요!

남편: 여보 아직도 부끄러워서 그래?

　　　우린 결혼한 지 벌써 10년이 지났어! 이젠 괜찮지 않아?

아내: 아뇨. '또 당신이구나!' 하고 생각하면 힘이 빠져서요.

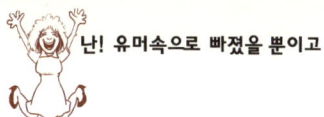 난! 유머속으로 빠졌을 뿐이고

엄마의 마음

영자가 엄마와 TV를 보는데 성형수술에 대한 얘기가 나왔다.

영자는 갑자기 뭔가 생각나서

영자: "엄마 .열 달 동안 고생해서 낳은 자식이 못생기면 얼마나 속상할까?"

한참 동안 영자 얼굴을 쳐다보던 엄마는

엄마: "이제 내 맘을 알겠니?"

난 유머속으로 빠졌을 뿐이고

요만큼 밖에 안 남았어요?~~~

한 신혼부부가 첫날밤을 보낸 다음날 아침. 욕실에서 샤워를 한 신랑은 수건이 없어 신부에게 수건을 가져다 달라고 했다.

욕실로 간 신부는 처음으로 신랑의 알몸을 제대로 보게 되었는데 자세히 살피던 신부는

처음으로 신랑의 '그것'을 보더니 수줍은 듯 물었다.

'그게 뭐예요?'

신랑은 짓궂게 대답했다.

'이게 지난밤에 당신을 즐겁게 해준 것이오.'

신부는 놀라면서 말했다.

그럼 이제 요만큼 밖에 안 남은 거예요?

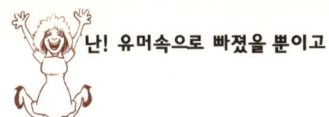

광우병의 원인…

광우병에 관해 취재하러 간 신참 여기자가 소를 키우는 농부와 이야기를 나누었다.

기자 : 이 병의 원인이 뭔지 짐작 가는 바가 있으면 말씀해 주시겠습니까?

농부 : 물론 있지요. 수컷이 암컷을 덮치는 건 1년에 단 한 번뿐이라는 사실을 알고 있어요?

기자 : 미쳐 몰랐던 일인데. 그게 광우병하고 무슨 상관이죠?

농부 : 우리가 하루에 두 번씩 암소의 젖을 짠다는 사실은 알죠?

기자 : 왜 엉뚱한 이야기만 하세요? 도대체 무슨 말씀을 하시려는 건지….

농부 : 예를 들면… 만약 내가 댁의 젖가슴을 하루에 두 번씩 만져주면서 관계는 1년에 한 번밖에 안 해 준다면 미치지 않겠느냐 말입니다.

남편 기죽이는 말

1. 입맛까지 까다롭기는….
2. 당신 식구들은 왜 그 모양이에요?
3. 지 애비 닮아가지고는….
4. 애들이 뭘 보고 배우겠어요?
5. 그때 내가 속았지.
6. 옆집 아빠는 또 승진했다네요.
7. 참 복도 없지. 어떻게 이런 남자를 만났을까….

가장 오래된 직업

의사와 건축가. 정치인이 각각 자기 직업이
가장 오래된 직업이라고 우겼다.

의사는 하나님이 아담의 갈비뼈로 이브를 만들어낸 것이
바로 외과수술이라면서 가장 오래된 직업이라고 말했다.

이에 건축가도 하나님이 건축가와 같이 혼돈상태에서 세상을 창조한 것이라면서 가장 오래됐다고 했다.

그러자 정치인이 반문했다.

그럼 당신들은 애당초 세상을 혼돈 속에 빠트린 사람이 누구라고 생각하세요?"

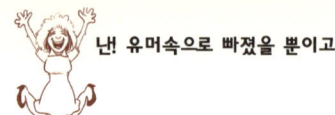 난 유머속으로 빠졌을 뿐이고

훌륭한 안내판

어떤 농부가 자기 집 앞 도로를 무서운 속도로 달리는 자동차들에 대해 제동을 걸기로 했다.

그는 고민 끝에 차들이 아이들과 가축들을 마냥 위협하는 걸 막기 위해 도로가에 큼직한 안내판을 세워놓았다.

그랬더니.

즉시 효과가 나타나 차들이 기어가듯 속도를 낮추었다.

안내판에는 이렇게 표시가 되어 있었다.

'천천히. 나체촌 길목!'

에~휴. 힘 빠져

어느 가족이 주말에 야외를 나갔다.
아들이 자동차를 보더니 아빠에게 물었다.
"아빠. 자동차 바퀴는 어떻게 돌아가는 거야?"
아빠는 어떻게 대답해야 할지 여러 가지 생각들이 머리를 스쳤다.
'첫번째. 연료가 연소되면서 발생하는 열에너지를 기계적 에너지로 바꾸어 자동차가 움직이는데 필요한 동력을 얻어 후륜의 경우 클러치-변속기-추진축-차동기-액셀축-후차륜 순서로 동력을 전달하여 자동차를 움직인다.' 이건 아들에게 답해 주기 좀 어려운 것 같고….
'두번째. 우리가 밥을 먹어야 막 뛰어놀 수 있듯이 자동차도 엔진이라는 곳에다 기름이라는 밥을 주게 되면 움직인다.'
이건 자상한 아빠의 대답인 것 같은데 뭐가 좀 허전한 것 같고….
한참을 궁리하는데 답답했는지 아들이 엄마에게 물었다.
"엄마. 자동차 바퀴는 어떻게 돌아가는 거야?"

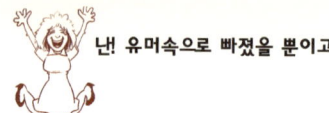

그러자 엄마는 단 한마디로 끝내 버렸다.

'빙글빙글!'

당신이 뭘 알아?

말끝마다 "당신이 뭘 알아요?"라며 시도 때도 없이 남편을 구박하는 부인이 있었다.

그런데 어느 날. "남편이 교통사고를 당해 중환자실에 입원해 있다"고 병원에서 전화가 걸려왔다.

부인은 택시를 타고 허겁지겁 달려갔다.

그러나 병원에 도착했을 때 이미 남편은 죽어 하얀 천을 덮어쓰고 있었다.

막상 죽은 남편을 보니 툭하면 구박했던 것이 너무나 후회되었다.

부인이 자신의 과거를 뼈저리게 뉘우치며 한없이 울고 있는데. 남편이 슬그머니 천을 내리면서 말했다.

"여보. 나 아직 안 죽었어."

그러자 부인이 깜짝 놀라 울음을 멈추며 남편에게 소리쳤다.

"당신이 뭘 알아? 의사가 죽었다잖아! 누워!"

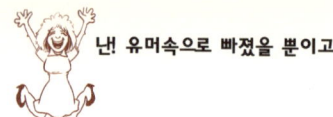

교통체증

   중요한 모임에 참석하려고 나선 한 기업체의 중역이 어느 터널 안에서 교통체증으로 곤욕을 치렀다.
   수백 미터 앞 톨게이트를 지나는데 30분 가까이 걸렸다.
   그래서 통행료를 징수하는 사람에게 영문을 물었다.
   "글쎄 차 한 대가 고장 났지 뭡니까? 그랬더니 오는 차 마다 정지하고는 웬일이냐고 물어대는 겁니다."

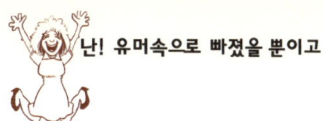

아이디어

광고 회사 간부와 부하직원이 아이디어를 짜내고 있었다.

아이디어가 잘 떠오르지 않자 턱이 뾰족한 사람이 턱을 만지면서

"뾰족하게 특별난 아이디어가 없을까?"라고 말했다. 그러자 이를 본 대머리 남자가 머리를 만지며 말했다.

"번뜩이는 좋은 아이디어는 어디 없을까?"

성형견적서

못 생긴 여자가 성형수술을 시켜 달라고 남편을 졸랐다.

남편은 아내의 시달림에 견디지 못한 나머지 솜씨가 가장 좋다는 성형외과를 아내와 같이 찾아갔다.

남편 : 저… 견적이 어느 정도 나오나요?

그러자 의사는 한참을 망설이다 말했다.

의사 : 기왕이면 수술비를 위자료로 쓰시고, 새 장가를 드시죠. 결혼비용까지 충분할 것 같습니다.

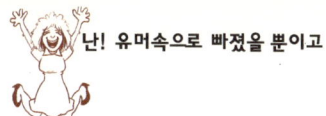# 진정한 명의

정신과 의사를 찾아간 한 남자가 의사에게 하소연했다.

"밤마다 잠자리에 들기만 하면 누군가가 침대 밑에 있는 것 같아요. 그래서 일어나보면 아무도 없고요. 침대 밑에 들어가서 자려하면 누군가가 침대 위에 있는 것 같아요. 도대체 잠을 잘 수가 없네요."

의사는 매주 두 차례씩 2년 동안 병원에 다니면 고칠 수 있다면서 1회 진료비는 2만원이라고 말했다.

다음날 남자는 의사에게 전화를 걸어 아내가 문제를 풀어줬다고 했다.

"집사람이 침대 다리를 잘라버렸습니다."

메주 담글 때 얼굴 따지냐~~·

잘 생긴 남자가 돈을 노리고 못생긴 여자와 결혼을 하였다.

아니나 다를까 잘 생긴 남자는 평생을 바람피우면서 못생긴 아내를 평생을 메주로 몰아 붙였다.

세월이 흘러 임종 때가 된 아내가 남편에게 말했다.

"여보! 미안해요. 사실은 철수는 당신 아들이 아니에요!"

"그게 무슨 소린가? 그럼 누구 아들이야?"

"뒷집 간장 장사의 아들이에요."

"농담이겠지? 잘 생긴 간장 장사가 당신 같은 메주를?"

그러자 아내가 말했다.

"메주 담글 때 얼굴 따지남요?"

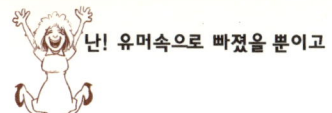 난! 유머속으로 빠졌을 뿐이고

전공별 싸움말릴 때

국어: 주제도 모르고 쯧쯧쯧….

영어: oh no… stop!!!

수학: 분수를 알아라, 분수를….

일반사회: 왜 그렇게 생각이 없니?

한국지리: 다른 지역 학생들도 그러지는 않겠다.

음악: 말리지는 못할망정 서로 장단 맞추냐

미술: 가관이다. 가관이야 아주~.

윤리: 서로 배려하고 타협할 줄 알아야지.

문법: 싸우지 말아야지… 그리고 말버릇들이 그게 뭐냐

독서: 이 녀석들 반성문 100장은 써야 정신을 차리겠구만….

진로담당: 너희들 앞으로 어떻게 살아가려고 그러니?

양호: 또 다쳤니? 또 다쳤어? 어휴~.

기술(공업): 제대로 싸울줄도 모르는 것들이….

체육: 그것도 싸움질이라고 하냐?

경제: 너희같은 놈들 때문에 반평균이 깎이는 거야.

국사: 조상님들 보기 부끄럽지도 않냐

세계사: 너희들이 싸운다고 이 세상이 달라지냐.

세계지리: 험난한 이 세상을 어떻게 살아가려고 그러냐.

정치: 나라꼴이 어찌되려는 건지….

중국어: 싸우메이 안 되제이~.

일본어: 아따~ 아침부터 싸우쓰까?

담임: 부모님 모셔와

가정: 편안하게 생활할 수 없냐?

바둑. 장기클럽 담당선생: 한 번만 져줘 싸우지 말고~.

물리: 힘으로 싸우는 게 최고가 아냐.

화학: 열불 터져~ 내가 어휴

생물: 벌레만도 못한 놈들….

지구과학: 내가 아주 돌겠다. 돌아 그냥… 어휴~~.

한문: 죽마고우 200번씩 써 와

급식 담당: 밥 먹고 그렇게 할 일이 없냐.

방문객. 학부모: 누구네 애들인지 참… 교육을 어떻게 시키는 건지 원….

기사: 다 부셔라 부셔.

반장: 자꾸 싸우면 선생님한테 이른다.

부반장: 야 반장이 선생님한테 이른데

골프로 보는 치매 진단법

초기

1. 라커 번호를 까먹는다.
2. 그늘집에 모자를 놓고 나온다.
3. 화장실을 남녀 구별 못하고 들어간다.
4. 타순을 잊어먹는다.
5. 몇 타 쳤는지 기억하지 못한다. + 퍼팅 수를 기억하지 못한다.
6. "왼쪽 맞지?" 하고 소리치면서 오른쪽으로 퍼팅한다.
7. 짧은 파3홀에서 드라이버를 꺼내든다.
8. 엉뚱한 깃대를 향해 온 그린을 시도한다.
9. 세컨드 샷을 다른 사람의 공으로 한다.
10. 다른 사람의 채를 꺼내든다.

중기

1. 그늘집에서 오리알을 달걀이라고 우긴다.
2. 회원인데 비회원란에다 이름을 쓴다.
3. 주중에 운동하면서 "주말 날씨 참 좋다"고 말한다.

4. 레이크힐스에 와서 레이크사이드냐고 묻는다.
5. '두발용'이라고 쓰여 있는 것을 두 발에다 바른다.
6. 헤어크림을 얼굴에 바른다.
7. 다른 사람 팬티를 입고 나온다.
8. 분실물 보관함에 있는 것을 보고 가격이 얼마냐고 묻는다.

말 기

1. 깃대를 들고 다음 홀로 이동한다.
2. 캐디 보고 '여보'라고 부른다.
3. 골프 치고 돌아온 날 저녁에 아내에게 '언니'라고 부른다.
4. 손에 공을 들고서 캐디에게 내 공을 달라고 한다.
5. 카트 타고 라디오 틀어달라고 한다.
6. 벙커샷 후에 채 대신 고무래를 들고 나온다.
7. 탕 안에서 그날 동반자 보고 "오랜만이네"라고 인사한다.
8. 다른 단체팀 행사장에 앉아서 박수를 친다.

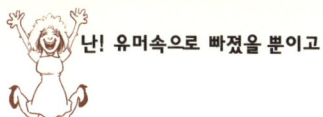

닭의 불심

한 스님이 절 뒷마당에서 닭을 잡아 털을 뽑고 있었다.
지나가던 신도가 그 모습을 보더니 깜짝 놀라며 말했다.
"아니. 절에서 살생을 하다니…"
스님은 신도를 보고 천연덕스럽게 말했다.

"웬걸요 이 닭은 얼마나 불심이 깊은지 삭발하고 중이 된다네요."

공원에서

어느 공원에서 멋진 글래머의 여자가 남자에게 안겨서 하는 말.
"싫어. 이런 곳에서는…."
"나는 더 이상 참을 수 없단 말이야."
"자기야~ 안돼. 이제 공원도 끝날 시간이란 말이야."
그러자 이 모습을 지켜보던 관리인이 두 남녀에게 말했다.

"어서 하세요. 공원 문은 조금 늦게 닫죠 뭐…."

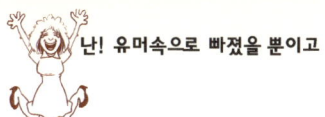 난! 유머속으로 빠졌을 뿐이고

버스기사의 재치

어떤 사람이 버스를 탔다.
손님: 이 차 어디로 가요?
버스기사: 앞으로 갑니다.
손님: 뭐예요? 여기가 어딘데요?
버스 기사: 차 안입니다.
손님: 지금 장난하는 겁니까?
버스기사: 운전하고 있습니다.

호모 수탉

양계장 주인이 계사에 새로 젊은 수탉을 집어넣었다.

이때 터줏대감 수탉이 신참 수탉에게 다가와 말했다.

"이 닭장 안에서 허락되는 수탉은 단 한 마리뿐이다. 암탉을 껴안을 수 있는 권리는 나와 달리기해서 이기는 경우 밖에 없다. 어때? 겨뤄보겠나?"

말을 마치 마자 늙은 수탉은 마구 뛰었다.

젊은 수탉도 이에 질세라 늙은 수탉의 뒤를 죽어라 쫓았다.

그러자 갑자기 '탕!' 하는 소리가 나면서 젊은 수탉이 그 자리에 쓰러졌다.

엽총을 쏜 양계장 주인이 돌아서며 중얼거리는 말.

"이상하네. 이달 들어서는 새로 집어넣는 수탉마다 모두 호모군."

건방진 의사

심하게 아픈 할머니가 있었다.

장마철에 이르자 할머니는 도저히 아픔을 참지 못해 병원을 찾았다.

"의사 양반 왼쪽 다리가 쑤시는데 요즘 같은 날씨엔 도저히 못참겠수. 혹시 몹쓸 병은 아닌지…."

할머니의 걱정에도 아랑곳 하지 않고 의사는 건성건성 대답했다.

"할머니 걱정하지 않으셔도 돼요. 나이가 들면 다 그런 증상이 오는 거예요."

그러자 할머니가 버럭 화를 내며 말했다.

"이보슈. 의사 양반! 아프지 않은 오른쪽 다리도 나이는 동갑이여!"

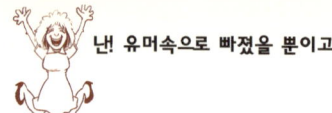 난! 유머속으로 빠졌을 뿐이고

대체 무슨 짓을…

허구한 날 술만 마시고 나쁜 짓만 골라하는 청년을 목사님이 어느 날 불러서 점잖게 꾸짖었다.

"여보게 젊은이! 난 우리가 천국에서 서로 못 만나게 될까봐 몹시 두렵다네."

그러자 그 청년이 정말로 걱정스럽다는 표정으로 대꾸했다.

"목사님! 대체 무슨 짓을 저지르셨기에 그러세요?"

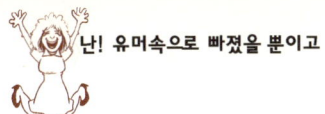 난! 유머속으로 빠졌을 뿐이고

젊은 부부

어떤 젊은 부부가 돈 모으는 방법을 궁리해 냈다.

사랑을 나눌 때마다 남편이 가지고 있는 잔돈 전부를 침실의 저금통에 넣기로 한 것이다.

1년쯤 지나 부부는 저금통을 깨서 그동안 모은 돈을 쓰기로 했다.

돈을 세던 남편이 말했다.

"저금통 안에 5달러. 10달러. 20달러짜리 지폐도 들어있으니 참 이상한 일이군. 난 지폐를 넣었던 기억이 전혀 없는데 말이야."

이에 아내가 답하길.

"있잖아요. 당신같이 째째하지 않은 남자들도 더러 있단 말이에요."

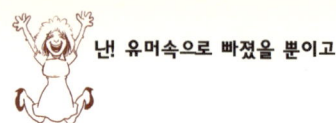 난! 유머속으로 빠졌을 뿐이고

붕~알 두 관만~~~

때는 무더운 여름철 1t 트럭에 감자를 싣고 아파트에 들어가니 주부들이 몰려왔다

한 여자가 감자를 고르다가 눈이 확 뜨인다.

트럭 위 총각의 반바지에 남성의 심볼 두 쪽이 보이는 게 아닌가?

마음이 거기에 있었던지 감자 두 관 달라는 말이 이렇게 튀어 나왔다

"아저씨. 붕~알 두 관만 주이소!"

그러자 깜짝 놀란 이 총각.

"아지메 이건 마. 죽어도 안 팝니더!"

오대양 육대주

초등학교 일학년 어린이에게 담임선생님이 숙제를 냈다.

숙제는 오대양 육대주를 써오라고 하는 것 이었는데. 집에 와선 걱정이 태산이었다.

마침 시골에서 올라온 할아버지 말씀이

"아가야. 그게 뭐 그리 힘드노 이 할배가 알려 주꾸마."

"오대양은 김양. 박양. 윤양. 서양. 이양하고, 쓰면 되고 육대주라면 맥주. 소주. 양주. 포도주. 동동주. 그리고 막걸리 아이가?"

담날 그 아이는 학교 담임선생님께 엄청 혼나고 집에 왔다.

할아버지 왈.

"아참 내가 깜박하고 탁주를 막걸리로 잘못 썼구나. 탁주로 고쳐 가꾸마."

누가 우물에 앉아 있어요!

시골 깡촌에 살던 처녀가 파출부라도 해서 돈을 벌려고 서울에 왔다.

처음으로 간 집이 마침 주인의 생일이라 손님들이 많이 와서 분주하게 일을 하는데. 음식이 짰던지 주인아저씨가 자꾸 냉수를 찾았다.

조금 있다가 또 한 잔을 가져오라고 하니까

처녀는 빈 컵만 든 채 난감해 하고 있는 것이었다.

"아니 냉수 가지고 오라니깐 왜 그냥 서 있어?"

"누가 우물에 앉아있어요!"

죽자 사자 뛰어라~~

한 여성이 회사 야유회를 해변으로 가서
얼마나 신나게 지냈는지 남편에게 이야기했다.
"그런데 신나기만 한 건 아니었지 뭐예요."
"아니 어째서?"
"파도가 거칠게 치는데 수영하려고 들어가지 않았겠어요.
그런데 물살이 어찌나 셌던지 수영복 하의가 벗겨져 나간
거예요. 아무리 찾아봐도 없지 뭐예요."
"그래? 그래서 어떻게 했어?"
"뭐 점잖은 여자들이 으레 할 법한 그 방법을 썼지 뭐예요. 얼굴과 눈을 두 손으로 가리고 호텔을 향해 죽자 사자
달렸죠 뭐."

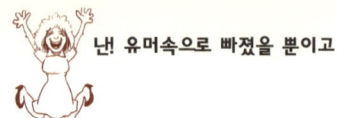 난! 유머속으로 빠졌을 뿐이고

육체? 시체?

선생님: 얼음은 고체일까. 액체일까?
학생: 네. 그대로 있으면 고체. 녹으면 액체입니다.
선생님: 잘 했어요. 그럼 달걀은?
학생: 네. 겉은 고체. 속은 액체입니다.
선생님 :오! 훌륭해! 정확하구먼. 그럼 사람은?
학생 :네. 살아 있으면 육체. 죽으면 시체입니다.

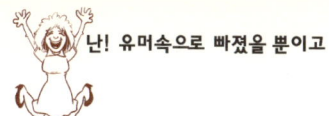 난! 유머속으로 빠졌을 뿐이고

　얼마 전 우연이 라디오 프로그램에서 들은 이야기를 집사람에게 써 먹기로 하구
　어느 날 둘이 차를 타고 가다가 집사람에게 대화를 시작했다..^^*~
[다음은 실제 대화내용]
나 : - (입안이 텁텁해서)" 자갸~껌 있어?~
아내 : -아니~..
나 : -ㅜㅜ~참!~자갸~껌은 뭐로 만드는지 알어?~
아내 : -고무나무로 만드는거 아냐?~...~
나 : -맞아 ~ 고무나무가 원료이긴 한데... 진짜 꼭 중요한~..없어선 안 될 재료가 하나있어..그게 뭔지 알아??.
.아내 : 그건 모르겠는데...
나 : 음~제일 중요한걸 몰랐었구나... 껌은 고양이 뇌로 만들잖아~
아내 : -에이~거짓말~
나 : 진짜야~세상사람들 다 알구 있는건데 자긴 아직 몰

랐단말야?~

아내 : -응~그으~래??~난 첨 들어보네~

나 : -벌써 노래로도 다 나와 있는걸~^^*~

아내 -(눈이 동그래지면서..) 그으~래??~그럼 고양이들 불쌍해서 어떡해??~

그럼 고양이들 두 많이 있어야겠네...ㅠㅠ~

나 : -불쌍하지만 할수 없지 모~

우리 인간들을 위해서 냐옹이가 희생 하는 수 밖에 ~~~ㅠㅠ~

근데 자기 그 노래 한번도 못들어 봤어??~

아내 : -응~난~전혀 몰라~

나 : -내가 불러 볼께~"어~험험"~

(목을 가다듬구)~♬"껌은 고양이~♪뇌~로~뇌~로 ♬~

이랬다저랬다 장난꾸러기...~

아내 :-"에이 나~속였잖아~난 또 진짠 줄 알았네..

소식

좋은 소식 : 아들이 방에서 열심히 공부하고 있을 때
나쁜 소식 : 청소하다 아들 방에서 포르노 테이프를 발견했을 때
환장할 소식 : 그 테이프의 내용이 우리 부부일 때
좋은 소식 : 남편이 나의 자유분방하고 신세대적인 패션 감각을 이해할 때
나쁜 소식 : 남편도 유니섹스로 살겠다며 내 옷 입을 때
환장할 소식 : 남편 입은 폼이 나보다 더 섹시할 때
좋은 소식 : 집 나간 딸아이가 집으로 돌아왔을 때
나쁜 소식 : 딸년의 배가 차츰 불러올 때
환장할 소식 : 어떤 건달 녀석이 자기 책임이라며 무일푼으로 내 집에 들어와 살겠다고 보챌 때
좋은 소식 : 남편이 피임을 약속했을 때
나쁜 소식 : 섹시하게 입고 남편을 기다리고 있는데 피임약이 없어 졌을 때
환장할 소식 : 딸년이 그 피임약을 가지고 나가서 외박하고 들어왔을 때

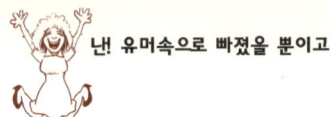

내 집

민식이네 집에 마침 아버지만 혼자 계셨다.
그때 다른 친구가 전화를 했는데.
"여보세요? 거기 민식이네 집이죠?"
그랬더니, 아버지께서 대답하시기를.
"아니다. 내 집이다."

미남과 추남의 차이

1. 미남이 여자에게 윙크하면 유혹, 추남이 여자에게 윙크하면 희롱
2. 미남이 침 뱉으면 박력, 추남이 침 뱉으면 더티.
3. 미남이 오토바이 타면 터프, 추남이 오토바이 타면 타락.
4. 미남이 꽃 선물하면 황홀, 추남이 꽃 선물하면 젠장
5. 미남이 말 타면 왕자, 추남이 말 타면 방자.
6. 미남이 욕하면 박력, 추남이 욕하면 시비.
7. 미남이 얘기하면 웃겨, 추남이 얘기하면 졸려.
8. 미남이 인터넷하면 자료검색, 추남이 인터넷하면 변태.
9. 미남이 공부하면 유식, 추남이 공부하면 동정심 유발.
10. 미남이 애교 떨면 귀염, 추남이 애교 떨면 추함.
11. 미남이 노래하면 우와! 추남이 노래하면 시끄러워.
12. 미남이 넘어지면 이걸 어째! 추남이 넘어지면 우하하하!

대도의 유언

어느 도둑이 중병을 들어 죽을 때 그의 친구가 왔다.
도둑은 그 친구를 믿어 유언을 했다.
"이보게 그간의 정을 생각해서 내가 보물을 하나 주겠네."
그러자 그의 친구가 반색을 했다.
"응, 그게 뭔데?"
"보석일세."
그러자 그의 친구가 더욱 가까이 앉으며 물었다.
"그럼 어서 주게."

"알겠네, 그것은 우리 옆집의 강 회장 집 책상 세 번째 서랍에 있다네."

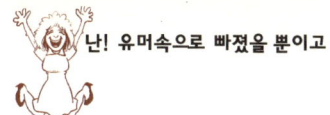 난! 유머속으로 빠졌을 뿐이고

방이 너무 뜨거운가봐!

어느 외딴 농촌에 아들 형제만을 둔 부부가 농사를 지으며 단칸방이지만 따뜻하고 아담한 초가집에서 행복하게 살고 있었다.

그해 겨울, 해는 서산으로 기울고 어둠이 찾아들자 부부는 눈이 맞아 뜻을 같이했으나 아이들이 마음에 걸리는 것이었다.

궁리 끝에 아버지는 형제들을 불러 말했다.

"얘들아, 방이 무척 차가우니 방에 장작 좀 피우지 않으련?"

천진스런 아이들은 신나하며 뛰어나갔고 부부는 재빨리 일에 착수했다.

한동안 불을 지피던 형이 동생에게 말했다.

"영구야 가서 방이 얼마나 뜨거워졌는지 알아봐라."

동생은 형이 시키는 대로 달려가 방문을 열려는데 이상한 소리가 나자 잠시 문틈으로 들여다봤다.

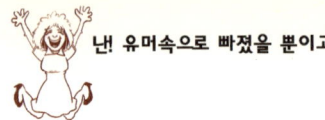

그리고는 그 길로 형에게 쫓아가선 소리쳤다.

"형! 방이 너무 뜨거운가봐. 아버지가 엄마 위에 있어."

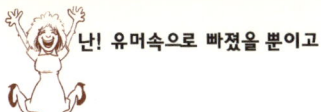 난! 유머속으로 빠졌을 뿐이고

영화의 등급

연소자 관람가 : 둘이 다정하게 손 붙잡고 얘기한다.
중학생이상 관람가 : 둘이 찐하게 키스한다.
고등학생이상 관람가 : 한사람 손이 다른 사람 옷 속으로 들어간다.
미성년자 관람불가 : 둘이 벤치에 누워 헐떡인다.
XX등급 : 그런데 둘이 남자다.
판정불가 : 저쪽에서 한사람이 더 온다.

왜 내 침대에~~~

한 여성이 공원 벤치에 앉더니 주위를 한번 힐끗 보고 벤치위로 발을 쭉 뻗고 휴식을 취하고 있었다.

잠시 후, 한 노숙자가 그녀에게로 다가오더니 말을 걸었다.

"이봐, 아가씨! 나랑 산보나 같이 안할껴?"

"어떻게 감히 그런 말을…" 아가씨가 화를 내며 계속 말했다.

"난 당신 같은 사람이 접근할 수 있는 싸구려 연애상대가 아니에요!"

그러자 그 노숙자가 대답했다.

"그럼 왜, 내 침대에 누워 있는겨?"

방송

노부부가 어느 날 밤 TV설교를 시청했다.

"여러분, 나는 이 프로그램을 시청하고 있는 모든 분들에게 나의 치유력을 베풀어드리고자 합니다. 한 손은 TV위에, 또 한 손은 신체의 아픈 부위에 갔다 대세요. 그러면 낫게 해드리겠습니다."

할머니는 위가 아주 안 좋았으므로 한 손은 TV위에 또 한 손은 배에 갖다 댔다.

그런데 할아버지는 TV로 다가가더니 한 손은 TV위에 또 한 손은 사타구니에 갖다 대는 것이었다.

할머니는 얼굴을 찌푸리면서 한마디 했다.

"여보. 아픈 사람을 낫게 해준다는 거지 죽은 것을 살아나게 한다는 건 아니잖아요."

가정부의 질투심

한 부인이 수심에 잠겨 있었다.
차를 따라주던 가정부가 궁금해서 부인에게 물었다.
"사모님, 뭐 안 좋은 일이라도 있으세요?"
그러자 부인이 한숨을 푹 내쉬며 말했다.
"남편이 수상해… 아무래도 회사의 여비서랑 무슨 일이 있는 것 같아."
그러자 갑자기 가정부가 팍 짜증을 내면서 소리쳤다.
"사모님, 지금 제게 질투심을 유발하려고 그런 소리를 하시는 거죠?"

한 명은 ~~

어느 회사 사장이 지방에 출장을 갔다가 급행열차 침대칸 표를 끊어 열차에 올랐다.

지정된 열차의 침대칸 커튼을 젖히자 침대 밑에서 예쁜 아가씨 둘이 숨어 있다가 놀라서 나오는 것이었다.

아가씨들은 사장에게 애교를 떨며 사정했다.

"저… 선생님. 부탁인데요. 우리들을 서울까지만 몰래 숨겨주세요. 표를 끊지 않았거든요."

그 말을 들은 사장은 이렇게 말했다.

"난 사회적인 지위와 명예를 중요시 여기는 사람이며 가정이 있는 몸이므로 세인들의 입방아에 오르내리는 것은 싫어요. 그러니 한 명은 나가주세요!"

한 남자

어느 날 한 남자가 햄버거를 사기 위해 레코드 가게에 갔다.

레코드 가게 주인은 그 남자를 재미있게 쳐다보며 "우리 집에는 음식을 팔지 않아요."라고 했다.

그런데 그 다음날에도 그 남자는 레코드 가게에 와서 햄버거를 찾았다.

약간 짜증이 난 레코드 가게 주인은 신경질적인 말투로 "우리 집에는 햄버거 따윈 팔지 않아요."라고 했다.

하지만 그 다음날에 레코드 가게를 또 찾은 남자. 주인은 이번에는 아예 남자의 출입을 금지하면서 "이런 써글! 장난하냐? 한번만 더 오면 발에 시멘트를 발라서 강물에 던져버리겠어!!!"라고 했다.

그러나 그 다음날에도 남자는 레코드 가게를 다시 찾아와서는 "시멘트 있어요?"라고 물었다.

"시멘트도 팔질 않아!!!"라고 주인이 대답하자 그 남자가 하는 말.

"그럼 햄버거 있어요?"

돼지의 아들

차 한 대가 길에서 큰 사고를 내고 뒤집혀 있었다.

마침 이곳을 지나던 한 젊은 기자가 사고 장소로 뛰어왔다.

기자는 사진을 찍으려고 했지만.

너무 많은 인파 때문에 도저히 가까이 갈 수가 없었다.

기자는 꾀를 내어 소리를 지르기 시작했다.

"비켜주세요! 난 피해자의 아들이란 말이에요! 비켜주세요!"

사람들은 깜짝 놀라 길을 비켜주었다.

기자는 그 덕분에 차 앞쪽까지 다가갈 수 있었다.

그러나 사고를 직접 목격한 기자는 할 말을 잃을 수밖에 없었다.

차 문 옆에는 돼지 한 마리가 죽어 있었던 것이다.

소매치기

지갑을 소매치기 당한 여자가 경찰서에 신고를 했다.
경찰: 지갑이 어디에 있었습니까?
여자: 스커트 안쪽 주머니요.
경찰: 그럼 범인이 치마 속으로 손을 넣었겠군요.
여자: 네.
경찰: 아니. 그럼 손이 들어오는데도 몰랐단 말입니까?
여자: 목표가 그거인줄 몰랐어요.…

관계

 한 순진한 여자가 군대 간 애인을 면회 갔다.
 애인을 만나기 위해 면회신청서를 작성하는데 '관계'라는 항목이 있었다.
 여자는 곰곰이 생각하다가 '만난지 7개월째 되던 날'이라고 적었고 신청서를 제출했다.
 잠시 후 이를 본 군인이 말했다.
 "아가씨. 지금 장난하시는 겁니까?"
 여자는 '이게 아닌가?'라고 생각하고 다시 썼다.
 "딱 세 번."
 군인은 화가 나서 소리쳤다.
 "아가씨! 정말 자꾸 장난치실 겁니까?"
 그러자 여자는 울먹이며 이렇게 말했다.
 "아저씨. 정말 그이가 입대하고 난 후로는 한 번도 안 했단 말이에요…."

빈자리

역 대합실에 들어선 노인이 한 청년의 옆자리가 빈 것을 보고 반가운 표정으로 물었다. "젊은이. 여기 좀 앉아도 되겠소?"

"사람 있습니다." 젊은이는 귀찮다는 듯 노인을 뿌리쳤다.

이때 예쁘장하게 생긴 아가씨가 그 자리로 다가왔.

청년이 밝은 표정으로 그녀에게 말했다.

"아가씨. 여기 앉으세요!" 그 꼴을 본 노인이 화가 나서 물었다.

"아니!! 방금 전에는 사람이 있다고 하지 않았나?"

이에 청년이 뻔뻔하게 대꾸 했다. "그래서 어떻단 말입니까? 바로 이 아가씨지요! 이 아가씬 내 동생입니다!"

"허튼소리 작작 하게!" 노인이 꾸짖으며 청년에게 이렇게 말했다.

"이 아인 내 딸이야 왜? 내가 언제 너 같은 아들을 낳았냐!"

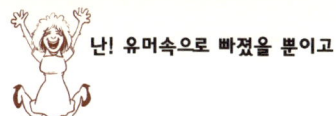 난! 유머속으로 빠졌을 뿐이고

# 건망증

한 여자가 왼쪽 가슴을 블라우스 밖으로 드러낸 채 걸어가고 있었다.

한 남자가 그 여자에게 다가와 물었다.

남자 : 내 눈을 어디다 둬야 할지 모르겠군요.

여자 : 아니. 왜요?

남자 : 당신 왼쪽 젖가슴이 블라우스 밖으로 빠져나와 있잖소?

그러자 여자가 무척 당황하며 대답했다.

여자 : 이런! 버스에 아기를 두고 내렸어요!

마누라

오랫동안 집을 떠나 타지에서 근무하던 남자가 어느 날 문득 아내가 그리워졌다.

그날 저녁 남자는 근처 홍등가를 찾아 주인여자에게 100만원을 주며 말했다.

"이 집에서 제일 못생긴 아가씨 한명만 부탁해요."

그러자 주인여자는 의아해하며 말했다.

"손님. 이 돈이면 제일 예쁜 아가씨를 부를 수 있는데요?"

남자가 대답했다.

"아줌마. 나는 색골이 아니오. 단지 마누라가 그리워졌을 뿐이오."

유혹

어떤 남자가 달콤한 말로 아가씨를 유혹해서 호텔방에 데리고 갔다.

그는 사실을 고백하지 않으면 두고두고 양심의 가책을 받을 것 같아 머뭇거리면서 말을 꺼냈다.

"사실은 나 말이야…"

"사실은 뭐요?"

"사실은 나 유부남이야…"

그러자 아가씨가 안도의 한숨을 내쉬며 말했다.

"뭐예요. 난 또 호텔비가 없다는 줄 알고 깜짝 놀랐잖아요!"

수학 시간

수학 시간에 썰렁이에게 선생님이 문제를 냈다.

선생님 : 1+1은 얼마지?

썰렁이 : 잘 모르겠는데요.

선생님 : 넌 정말 밥통이구나. 이렇게 간단한 계산도 못 하다니........ 예를 들면, 너 하고 나 하고 합치면 얼마나 되느냐 말이야?

썰렁이 : 그거야 쉽지요.

선생님 : 그래 얼마니?

썰렁이 : 밥통 두 개요.

황소에게 물어 봐?

어느 부부가 가축 전시장에 갔다...

첫 황소의 안내문에는 "지난해 교미 50번"이라고 쓰여 있었다....

아내는 남편을 보고 "일 년에 50번을 했대요. !!당신도 배워요!" 라고 했다.

다음 황소는 "지난해 65회 교미"로 적혀 있었다.

"한 달에 다섯번도 더 되네요. 당신도 배워야 해요." 라고 했다...

마지막 황소에는 "지난 해 365번 교미"라고. 적혀있었다.

여자는 입이 딱 벌어지며 "어머! 하루 한번이네요. 당신은 정말 배워야 해요."라며 남편에게. 또 다시 말을 하는 것이었다.

그러자 아내의 말만 듣고 있던 남편이 은근히 화를 내며 아내에게 말하였다.....

"어디...!! 그 황소365일을 똑 같은 암소랑 했는지 가서 ~ 물어 봐봐..!!!! "

난! 유머속으로 빠졌을 뿐이고

젖병채로 먹고 싶어~~

어느 날 여학생들이 남선생님을 놀리려고 우유 한 컵을 교탁에 얹어 두었다.

그걸 본 선생님은 "이것이 무엇이냐?"고 묻자 여학생들이 웃으며,,

"저희가 조금씩 짜서 모은 거예요.

선생님! "사양치 마시고 드세요." 라고 말했다.

그러자 남자 선생님은 조금은 당황했지만뭐라고 대답할지 곰곰이 생각했다.

-오래 살다보니 처녀 젖도 다 먹어보네.

'이러면 재미없겠지!!'

-신선한 게 더 맛있겠는데

이것도 별로다.

-비린내 나서 나는 더 못 먹겠다.

이것도 어설프고

남자 선생님은 곰곰이 생각하다 한마디 했다.

"난 젖병 채로 먹고 싶어"!!!

학생 싸우는 것을 본 교수들의 반응

경영학과 : 이봐, 서로 싸우면 손해다.

의류학과 : 옷 찢어질라...

행정학과 : 경찰 불러~!

통계학과 : 일주일에 한번 꼴이니..

아동학과 : 애들이 배울라~

신 방 과 : 남들이 보고 있다는 거 모르나?!

중문학과 : 초전박살! 임전무퇴!

영문학과 : Fighting!

경제학과 : 돈 안 되는 녀석들...

식물학과 : 박 터지게 싸우네...

축산학과 : 저런, 개~새끼~덜...

법 학 과 : 느그덜 다 구속감이다!!

변호사법 : 내가 화해 시켜 줄께 일단 일루 와봐~봐..

사진학과 : 니들 다 찍혔어 이놈들아...

식품영양학과 : 도대체 저것들은 뭘 처먹었길래... 영양가 없이 저 난리이야?!

러시아어학과 : 씨~발노무스~키...

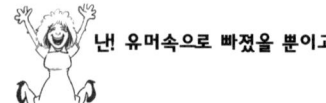

건축학과 : 저 자식들 도대체 기초가 안 돼 있어...기초가!

광고학과 : 여러분들...저 녀석들 함 보세요~!

미생물학과 : 저런, 저런 썩을 놈들 같으니라고...

남편의 친구

남편의 친구라는 사내가 찾아왔다. "잠깐 외출하셨는데요."

"그럼 안에서 잠시 기다려도 될까요?" "물론이죠, 들어오시죠."

응접실에서 기다리고 있는데 친구 부인이 차를 내온다. 벌어진 브라우스 사이로 젖가슴이 살짝 보이는데 너무도 풍만하고 하얀 피부에 눈을 뗄 수 없다.

"저...무척이나 예쁜 가슴을 갖고 계시는군요. 딱 한번만 구경할 수 없을까요? 50만원 드리겠습니다."

부인은 잠시 망설이다가 그렇게 했다. 잠시 후 친구 부인이 찻잔을 치우러 왔다.

가는 허리며 탐스런 히프가 눈에 들어왔다. 넋이 빠질 지경이었다.

"저…실례의 말씀이지만 부인은 참 매혹적인 몸매를 갖고 계시는군요, 딱 한번만 부인의 배꼽 아래 거기를 볼 수 없을까요? 100만원 드리겠습니다." 부인은 잠시 망설이더니 그렇게 했다.

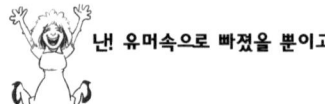

그 사내는 갑자기 바쁜 일이 생겼다며 돌아갔다.

얼마 후 남편이 귀가했다.

"여보, 당신 친구가 다녀갔어요."

"어, 그래? 그 친구 나한테 빌려간 돈 150만원 오늘까지 꼭 갚기로 했는데, 혹시 당신이 그 돈 받았어?"

헉!!!

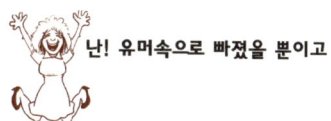 난! 유머속으로 빠졌을 뿐이고

새치기 하지 마!

어떤 남자가 평소 끼가 많은 아내의 바람피우는 현장을 잡기 위해 거짓말로 출장을 간다고 하고 집 부근에서 잠복을 했다.

그 날 밤 외간 남자가 자기 집 안으로 들어가는 것을 확인하고 현관문을 열려는 순간 또 다른 남자가 어깨를 툭 치면서 하는 말.

"야 인마. 새치기 말고 줄~서."

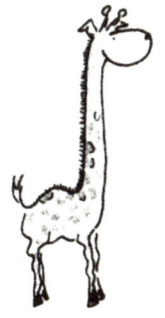

아가씨의 방귀냄새

어떤 아가씨가 할머니와 택시 합승을 하고 가는데 배가 살살 아파오면서 방귀가 나왔다.

처음 몇 번은 참던 그녀.

하지만 시간이 지날수록 더 이상 참기 힘들어졌다.

아가씨는 이리저리 머리를 굴려 꾀를 내었다.

그것은 바로 유리창을 손가락으로 문지르면서 '뽀드득' 소리와 함께 배출하는 것이었다.

아가씨는 자신의 꾀에 뿌듯해 하며 여러 차례 방귀를 배출했다.

그런데 할머니가 그 처녀를 빤히 쳐다보며 말했다.

"처자. 소리는 그렇다 치고 냄새는 어쩔 껴?"

열~바다

목사님이 설교 도중 신도들을 향해 질문을 했다.

"세상에서 가장 차가운 바다는 '썰렁해' 입니다. 그럼 세상에서 가장 따뜻한 바다는 어디일까요?"

신도들이 머뭇거리자 목사님이 말했다.

"그곳은 '사랑해' 입니다. 우리 모두의 마음이 항상 따뜻한 바다와 같이 사랑하는 마음이 가득 하시길 바랍니다."

예배가 끝나고 집으로 돌아온 부인이 남편으로부터 사랑한다는 말을 한번 듣고 싶어 남편에게 온갖 애교를 부리면서 목사님과 같은 질문을 했다.

"여보. 내가 문제를 낼 테니 한번 맞혀 봐요. 세상에서 가장 차가운 바다는 '썰렁해' 래요. 그럼 세상에서 가장 뜨거운 바다는 어디 게?" 남편이 머뭇거리며 대답을 못하자 코맹맹이 소리로 힌트를 주면서 말했다.

"아~잉~~ 이럴 때 당신이 나에게 해주고 싶은 말 있잖아!"

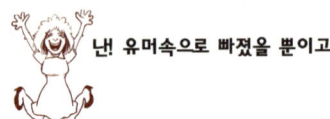

그러자 남편이 의미심장한 표정으로 웃음을 지으며 자신 있게 아내에게 하는 말.

"열~~바다!"

챨스 아니죠!~~철수죠

앙드레 김과 그의 아들이 프랑스에서
패션쇼를 준비하기 위하여 비행기를 탔다.
잠시 후, 어린 아들은 비행기에서 떠들었다.
앙드레 김 : 챠~알스 비행기 안에선 떠들면 안돼요.
그러나 그의 아들은 계속해서 떠들어댔다.
앙드레 김 : 챨쓰~ 비행기 안에선 떠들면 안된다니까요!!
그러자 지나가던 스튜어디스가
'역시 앙드레 김은 이름까지 고풍스럽게 짓는구나'
생각하며 그의 아들에게 물었다.
"이름이 챨스니?"
아들의 허무한 한마디.
아들 : 아닌데요. 제 이름은 철수인데요.

TV

TV의 채널을 이리저리 돌려봤지만 볼 만한 프로가 없자 남편은 결국 교양물 프로를 보기로 했다.

그 프로에서는 수놈 귀뚜라미 두 마리가 암컷 하나를 차지하기 위해 격렬한 싸움을 벌이는 장면을 보여줬다.

싸움이 끝나자 이긴 놈이 암컷을 차지했다.

"TV란 어쩔 수 없는 거로군. 어디를 틀어 봐도 섹스 아니면 폭력이잖아!"

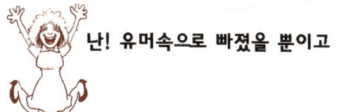 난! 유머속으로 빠졌을 뿐이고

골프 클럽

여자 증권브로커가 아랍인 석유재벌로 하여금 막대한 돈을 벌게 해줬다.

그는 아주 좋아하면서 루비며 금이며 롤스로이스 차를 사주려고 했다.

여자는 그저 할 일을 했을 뿐이라면서 사양했다.

그렇지만 그는 기어이 선물을 주겠단다.

그래서 여자는 "최근에 골프를 시작했거든요.

골프 클럽이면 좋은 선물이 되겠어요."라고 했다.

몇 주가 지난 어느 날 그에게서 편지가 왔다.

"지금까지 골프 클럽 셋을 구입했는데

수영장이 딸린 건 둘뿐이니 실망하지 않을까 걱정입니다."

교장선생님 재치

교장선생님이 새로 부임한 교사를 소개하려는데 학생들이 너무 떠들어 말을 제대로 할 수가 없었다.
결국 교장선생님. 무언가 생각 끝에 말씀하셨다.
"여기! 이분은 왼쪽 팔이 하나밖에 없습니다."
갑자기 교실은 조용해졌다.
교장선생님은 다시 호흡을 가다듬고 말씀하셨다.
"오른쪽 팔도 하나밖에 없습니다."

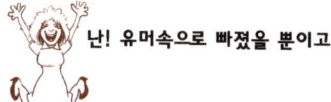

해고 이유

큰 회사의 사장이 공항으로 나가다가
밤샘 근무를 마친 정문 경비원을 만났다.

경비원은 다짜고짜 사장에게 인사를 하더니 어제 꿈에 대해 설명했다.

꿈의 내용은 사장이 타고 갈 비행기가 이륙하자 폭발하더라는 것이었다.

사장은 미신을 믿는 사람인지라 여행을 연기했다.

나중에 알고 보니 그의 꿈은 적중했다.

그 항공기는 정말 이륙 직후 추락한 것이다.

사장은 그 경비원을 불러다가 1억원의 사례금을 줬다.

그리고 바로 그를 해고해 버렸다.

경비원이 억울해서 사장을 찾아가 물었다.

'사장님. 제가 꿈을 알려드려 목숨을 구했는데 저한테 이러실 수 있습니까?'

그러자 사장이 말했다.

"당신의 임무는 밤새 깨어있어야 하는 것이니까 해고하는 게 당연하오."

여자도 할 수 있다

〈남자〉 날씨가 더운 여름 남자는 웃통을 벗어던진다.

멋진 몸매를 가질수록 남자에게는 부러움 여자에게는 사랑의 대상이 된다.

〈여자〉 역시 더운 여름 여자가 웃통을 벗어던지면 미친년 취급받는다.

손가락질 받는다. 재수 없으면 돌이 날아올 수도 있다.

금방 정신병원에서 차가 와서 실어간다. 경찰차로 실려 갈 수도 있다.

하지만 여자도 더우면 벗을 수 있다.

〈남자〉 술자리에서 500cc 원 샷을 연속으로 한다. 끄떡없다.

술이 세다. 멋지다. 왠지 강하다는 느낌을 받는다.

〈여자〉 술자리에서 500cc 원 샷을 연속으로 한다. 역시 끄떡없다.

"지독한X. 저걸 누가 데려가. 헉 저게 여자야?"라는 소리를 듣는다.

하지만 여자도 술 잘 마실 수 있다.

난! 유머속으로 빠졌을 뿐이고

〈남자〉 늦게까지 술을 먹다가 집에 전화해서 "어머니 저 술 먹다가 차가 끊겼습니다. 내일 아침에 들어가겠습니다."라고 하면 "그래 건강생각해서 적당히 마시고 내일 들어오너라!"라고 말하고 집에 오면 해장국을 끓여준다.

〈여자〉 역시 늦게까지 술 먹다가 집에 전화해서

"엄마. 저 술 먹다가 차가 끊겼거든 낼 들어갈게"라고 하면 "야이! 미친X아! 너 기어서라도 12시 안에 들어와!"라면 다행. '이 노무 계집애 그래 아예 거기서 술이랑 살아라! 집에 들어오면 아주 그냥 죽는다!!!"라고 할 것이다.

하지만 여자도 술 먹고 외박할 수 있다.

〈남자〉 화장실이 너무 급해 길거리 전봇대에 실례를 한다.

'어머 저 사람 봐! 야! 조용해 들을라' 하면서 그냥 조용히 넘어간다.

〈여자〉 화장실이 너무 급해서 길거리 전봇대 뒤에 앉아서 실례를 한다.

'야야야야… 저 여자 미쳤나봐! 이제 시집 다갔네.'

하지만 여자도 급하면 길거리에서 쉬할 수 있다.

난! 유머속으로 빠졌을 뿐이고

1판 1쇄 인쇄 - 2009년 1월 05일
1판 1쇄 발행 - 2009년 1월 10일

엮은이 - 한국 유머학회
펴낸이 - 윤용준

펴낸곳 - 칠하우스
출판등록 - 제300-2004-188호

주소 - 서울시 강동구 천호1동 40-9 아크로파크 503호
전화 - 02) 486-5563
팩스 - 02) 486-5576

* 이책에 대한 무단 전재 및 복사를 금합니다.
* 잘못된 책은 구입하신 서점에서 바꿔 드립니다.